York Pijahn

OPERATION
GLÜCKSKEKS

Mosaik bei
GOLDMANN

Für die Freunde und die Familie
in Bielefeld, Hamburg, Berlin

Mix
Produktgruppe aus vorbildlich
bewirtschafteten Wäldern,
kontrollierten Herkünften und
Recyclingholz oder -fasern

Zert.-Nr. SGS-COC-004278
www.fsc.org
© 1996 Forest Stewardship Council

Verlagsgruppe Random House FSC-DEU-0100
Das für dieses Buch verwendete FSC-zertifizierte Papier
Profibulk von Sappi liefert IGEPA.

1. Auflage
© 2010 Wilhelm Goldmann Verlag, München, in der Verlagsgruppe Random House GmbH
Herausgegeben von der Redaktion der Zeitschrift MySelf aus dem Condé Nast Verlag.
MySelf und das MySelf-Logo sind gesetzlich geschützte Marken und Titel der
Advance Magazine Publishers Inc., New York, und der Condé Nast Verlag GmbH, München.
Umschlaggestaltung: Uno Werbeagentur, München
Umschlagfoto: getty images/Michael Blann
Illustrationen:
Eric Giriat (S. 13, 15, 19, 21, 29, 54, 65, 97, 103, 118, 130, 143, 151, 155)
Yvonne Kuschel (S. 87, 94, 125, 133, 137)
illumueller.ch (S. 34, 39, 41, 49, 59, 61, 69, 75, 91, 112, 163, 167)
Layout: Anja Laukemper
Satz: Barbara Rabus
Druck und Bindung: Těšínská Tiskárna, Český Těšín
CH · Herstellung: IH
Printed in the Czech Republic
ISBN 978-3-442-39197-4

www.mosaik-goldmann.de

*Life is so very fragile. We are all vulnerable. And we
will all at some point in our lives fall. We will all fall.
We must carry this in our hearts. That what we have
is special.*

Das Leben ist zerbrechlich. Wir sind alle verwundbar.
Und wir werden alle an einem bestimmten Punkt in
unserem Leben fallen. Wir werden alle fallen. Wir
sollten das in unseren Herzen tragen. Dass das, was
wir haben, etwas ganz Besonderes ist.

»Coach« Eric Taylor in *Friday Night Lights*

INHALT

LOVE, SEX UND MAMA BIELEFELD:
Das Beziehungsleben des Sinnlos-Yuppies

SECHS IN THE CITY:
Superfreunde in der großen Stadt

PRETTY IN PINK:
Weshalb Männer auf Frauen neidisch sind

PASTA, YOGA, TODESFÄLLE:
Das Leben im Koffein-Express

LOVE, SEX UND MAMA BIELEFELD:

Das Beziehungsleben des Sinnlos-Yuppies

Solo mio: Als Single auf Hochzeiten

Wenn die Seele ein Organ wäre, wie würde sich ihre Oberfläche anfühlen? Glatt? Schrumpelig? Mit Borsten? In jedem Fall brauch ich in Zukunft eine Seele aus Leder. Eine Lederseele. Wäre doch toll, wenn man die in einem Geschäft einfach so kaufen könnte: »Guten Tag, eine Lederseele, bitte.« – »Eine was?« – »Eine Lederseele!« – »Wozu brauchen Sie die denn?« – »Ich bin in diesem Winter als Single auf drei Hochzeiten eingeladen.« – »Oh, verstehe, dann nehmen Sie doch die hier, die ist aus dreifach verstärktem Ochsenleder. Die hält was aus. Einpacken?« – »Nein, ich ziehe sie gleich an.«

Als Single und allein auf Hochzeiten gehen, das verlangt Ich-Stärke, egal ob man eine Frau oder ein Mann ist. Wird nicht schon genug von einem verlangt, wenn man einmal in der Woche in einer Bäckerei sagen muss: »Ein Junggesellenbrot, bitte.« Auf der letzten Hochzeit, zu der ich vor drei Wochen als Single eingeladen war, gab es einen Single-Tisch. Vier Frauen, vier Männer – und uns beschlich gemeinsam das Gefühl, nicht nur Aliens in der Pärchenwelt zu sein, irgendwie schien es auch, als hätten sich die Gastgeber voller Übermut gedacht: »Vier Frauen, vier Kerle, das sind in der Mathematik der Liebe vier Paare.«

So muss man sich fühlen, wenn man einem Bergstamm im Himalaya angehört, in dem die arrangierte Hochzeit zum guten Ton zählt. So muss es sein, wenn man nach dem Austausch von Ziegen und einem Eimer Gulasch in eine Jurte geführt wird und einem jemand zuraunt: »Das ist deine neue Frau.« Da macht sich Schwermut breit.

Hinzu kam, dass die Hochzeit meines Freundes Lorenz und seiner Freundin Anke die Sorte Feier war, bei der das Paar richtig bluten muss, bevor es in die Ehe entlassen wird. Es gab Spiele, eine Hochzeitszeitung mit Bildern voller finsterer Frisuren und sehr, sehr lange Gedichte, in denen verbal auf dem Bauchansatz des Bräutigams herumgetrampelt wurde. Single zu sein fühlte sich zwar immer noch nicht an wie die Garantie für endloses Glück. Dafür bekam man keine Gedichtzeilen an den Kopf gehauen und musste nicht zu »We Are Family« mit den rotgesichtigen Verwandten aus Klein Tornow Polonaise tanzen.

Am Single-Tisch hatte zu diesem Zeitpunkt eine Art spontane Zuordnung stattgefunden. Der Bräutigam hatte mir vorher gesagt, dass Kerstin, 35, Grafikdesignerin, einen »total kranken Humor« habe. In meiner Fantasie hatten Bräutigam und Braut um unsere Namen einen Kringel und dahinter ein Herz gemalt. Es war ein bisschen erniedrigend. Aber ich muss zugeben, wir verstanden uns sofort. Ich hatte ein Auslandsjahr in Italien gemacht, sie auch. Sie hielt Roger Moore für den tuntigsten Bond aller Zeiten – ich auch. Und Daniel Craig für den coolsten Hund des Universums. Das letzte Coldplay-

Album? Großer Mist! »Leute wie uns nennt man übrigens in Japan kokotta kurisumas keki«, sagte sie über den Rand ihres Glases hinweg. »Das bedeutet ›übrig gebliebener Weihnachtskuchen‹. Ist jeder, der mit 24 nicht verheiratet ist.« Etwas unentschlossen, ob man darüber nun lachen oder weinen sollte, wünschte sich Kerstin beim DJ »Big in Japan«. Wir vom Single-Tisch rempelten uns durch die Polonaise hin-

»Lorenz und Anke sind ja jetzt im Hafen der Ehe angekommen – und was ist mit euch?«, fragte ihr Vater. – »Wir? Wir stechen gerade erst in See!«

durch auf die Tanzfläche, wir fühlten uns wie die Leute, die früher auf Klassenfahrten in der letzten Reihe des Reisebusses heimlich Dosenbier getrunken hatten. Wir waren die Störenfriede, aber man konnte uns schlecht rausschmeißen. Meine Lederseele wurde langsam geschmeidig.

Als der Song zu Ende war, stand der Schwiegervater meines Freundes Lorenz an unserem Tisch: »Lorenz und Anke sind ja jetzt im Hafen der Ehe angekommen«, sagte er in die Runde – und nach einer Kunstpause: »Und was ist mit euch?« Kerstins Antwort wird mich sicher durch die kommenden drei Hochzeiten führen: »Wir? Wir stechen gerade erst in See.«

ciriat*

Voll auf Dioptrin: Frauen mit Brille

Als ich ein Teenager in Bielefeld war, war das Leben voller mieser Nachrichten. Ganz oben auf der Shit-List der schlechten Neuigkeiten stand der Satz: »Du bekommst eine feste Zahnklammer. Aus Metall. Und musst sie drei Jahre lang tragen. Mit Drähten, die außen am Kopf langlaufen und von einem bunten Gummiband im Nacken gehalten werden.« Man sah mit so einer Zahnspange aus, als habe man einen Football-Helm vom Schrottplatz auf. Um geküsst zu werden, brauchte das Gegenüber eine Kneifzange. Oder sehr viel Liebe. Oder Freude am Geschmack von besabbertem Stahl. Sie ahnen es, man wurde mit so einem Gerüst am Kopf sehr wenig geküsst. Heißt: Man wurde nie geküsst.

Aber bevor ich jetzt im Pool des Selbstmitleids meine Bahnen ziehe, sage ich es lieber gleich – es gab natürlich eine Gruppe, die von sich behauptete, noch viel mieser dran zu sein als Zahnspangen-Teenager: Mädchen mit Brillen. Die, denen man erst im Kindergarten ein Auge mit einem hautfarbenen Pflaster abklebte, um ihnen dann später eine Brille Modell »Robert Lembke« aufzusetzen. Ein Monster mit Bügeln. Wo eben noch ein Kindergesicht war, wuchs plötzlich ein verlassenes Gebäude mit Glasfassade aus dem Kragen,

eine Lupen-Visage. Im Nachhinein würde ich gern allen ehemaligen Brillenmädchen ein zerknautschtes »Tut mir echt leid« rüberreichen. Denn heute bin ich ein Fan. Von den Mädchen, die jetzt Frauen sind – mit Brillen.

Warum? Weil Frauen mit Brillen an Männer ein eindeutiges Signal senden. Einen kurzen Impuls, der von der Brille aus durch den Raum jagt und im Männerkopf ankommt. Und der Impuls klingt ungefähr so: »Ich führe ein Doppelleben, du weißt das, ich weiß das. Wenn ich diese Brille aufhabe, werde ich in der nächsten Konferenz klügere Dinge sagen als du, werde ich schneller denken, rechnen, sprechen, schreiben als du. Weil ich im Arbeitsmodus einfach unschlagbar bin und meine Hausaufgaben gemacht habe. Und wenn ich diese Brille auf die Nasenspitze rutschen lasse, dann kann ich dir direkt in die Seele gucken, du kleiner Scheißer.« Angst, Gefahr, Dominanz, das geheimnisvolle Wissen des Physik-Leistungskurses, Verletzlichkeit. Ich glaube, an dieser Stelle sollte das erste Mal das Wort »sexy« fallen, können wir uns darauf einigen?

Doch das ist nur die eine Seite des Doppellebens: Denn Männer neigen dazu, in jeder Brillenträgerin eine Frau zu sehen, die irgendwann ihre Brille auch mal abnimmt. Wird sie das für mich tun? Diese Frage querschlägert durch den Männerkopf wie eine Flipperkugel, sobald eine schöne Frau mit Brille den Raum betritt. Wird sie die Bügel zusammenfalten? Wird sie dann so einen unfassbaren Satz sagen wie: »Ein Kuss wäre jetzt gut, oder?«

16

Büromodus also einerseits und sexy Brille-Abnehmen andererseits. Genau auf der Grenze zwischen beiden ließ sich der Designer Yves Saint Laurent einmal fotografieren (ein Mann, zugegeben, wenn auch ein sehr androgyner). Um der Welt zu zeigen, wie von-den-Füßen-kloppend sexy eine Brille aussehen kann. Für die Kampagne seines Parfums »Pour Homme« legte er alle Kleider ab. Nur seine Brille ließ er auf. Er sah nicht einfach nackt aus, sondern – wegen der Brille – wie jemand, der sich gerade erst ausgezogen hat. »Brillen können sehr geheimnisvoll sein, wenn man sie korrekt trägt«, hat Sängerin Anastacia einmal gesagt, die Frau,

Männer sehen in jeder Brillenträgerin eine Frau, die ihre Brille irgendwann mal abnimmt: »Wird sie das für mich tun?«

die immerhin 30 Brillen im Schrank liegen hat – die zu ihrem Markenzeichen gehören wie ihre Soulstimme. Und wie trägt man eine Brille korrekt, wollte der Journalist, der sie interviewte, dann von Anastacia wissen. Antwort: »Selbstbewusst. Das ist immer korrekt.«

Das Band der Liebe: Wenn Jungs Kassetten aufnehmen

Auf meiner inneren Liste von Dingen, die mich bis zum Nasenbluten nerven, stehen Mitte-30-Jährige gerade ganz oben. Und zwar diejenigen, die sich vor Rührung blinzelnd nach den 80er-Jahren zurücksehnen. Ja, da gab es noch »Brauner Bär« und die Musik von »Ein Colt für alle Fälle«. Ja, auch ich fand den Kalten Krieg übersichtlicher als den Gedanken, irgendwo in meiner Straße eröffne gerade der Al-Qaida-Ortsverein eine neue Filiale.

Das Problem an meiner Retro-Schelte ist bloß: Ich heule selbst den 80ern hinterher. Wegen eines Stücks Kunststoff mit Sichtfenster, diesem flachen Plastik-Rechteck, das leise klackert, wenn man es schüttelt. Wegen dir, Mixtape. Mischkassette, Superstar, zwei Seiten, 90 Minuten, knapp 30 Lieder passen drauf, ja Lieder, Songs sagte damals nämlich noch keiner, es gab ja auch noch keine Dates, sondern Verabredungen, keine Handys, sondern nur bananengelbe Telefonzellen. Retro? Meinetwegen. Aber wie kalt und ausgebufft wirkt eine gebrannte CD gegen ein Mixtape! Das Unikat hier, die tausendfach Reproduzierbare da. Auf die Gefahr hin, jetzt zu klingen wie der »Werthers Echte«-Opa: Das Mixtape war einzigartig, denn es war das Ergebnis harter Arbeit, die strengen Regeln folgte. Niemals die gleiche Gruppe zweimal auf der gleichen Seite aufnehmen, das erste Lied muss ein Knaller sein, aber nicht schon das beste der Kassette. Die Hülle muss selbst gebastelt sein. Eine ganze Generation beherrschte es, die Liedtitel in ameisengroßen Buchstaben auf die Rückseite zu schreiben. Kann man Duran Duran auf einen Quadratzentimeter quetschen? Man kann.

Und innen drin? ABC, Pet Shop Boys, Housemartins, jede Kassette ein musikalisches Bekenntnis. Wer nicht für uns ist, ist dagegen. Madonna ja, Cyndi Lauper nein, Prince ja, Michael Jackson nein, Rolling Stones ja, Beatles nein. Nach dreimaligem Hören wusste man: Nach »Don't You« kommt »Shout«, es konnte nicht anders sein. Da Spulen mühsam war, kam immer gleich die ganze Seite aus den Boxen, ein D-Zug aus Musik. Ganz oder gar nicht. Gesamtkunstwerk statt Wunschkonzert.

Und erinnern Sie sich an die Geräusche? An das »Tschröpp!«, wenn sich der Deckel des Kassettenrecorders schmatzend schließt. »Iiiiah-IIIh!«, wenn der Recorder das Band vorspult. »Frab-Pup!«, wenn der Zeigefinger die Pausentaste loslässt. »Record« und »Play« sind gedrückt: ein Rauschen aus den Boxen. Band läuft. Mixtapes waren und sind mehr als Tonträger, vor allem für die meisten Jungs, die jetzt Männer sind. Denn Kassetten waren Liebesbriefe aus Klang. 30 Lieder, die nur einen Zweck hatten. Um Mädchen, die jetzt Frauen sind, zu sagen: »Ich finde dich toll.« Warum stammeln, wenn andere gut singen.

Und noch eine Botschaft steckte in den Tapes: »Wenn du mit mir zusammen bist, bekommst du den Typen mit der geilsten Plattensammlung ab.« Dann die Katastrophe: Wenn man schließlich merkte, dass man an die »Mono-Taste« ge-

Kassetten waren Liebesbriefe aus Klang. Dafür kniete man drei Stunden in Büßerstellung vor der Stereoanlage.

kommen war oder dass der Recorder das Band mit einem schrillen Schredder-Geräusch auffraß. *Mangia cassette*, Kassettenfresser – so heißen Recorder noch immer in Italien.

Mixtape, Antidepressivum aus Plastik. Was gibt es Besseres, als sich selbst, frisch verlassen oder einfach nur niedergeschlagen, eine Kassette aufzunehmen. Einen Soundtrack fürs eigene Leben. Don't you? Shout! Brauner Bär, dein Karamellkern wird überschätzt, bleib in deiner Kühltruhe. Mixtape, bleib bei mir, ich nehm dich auf. Record.

Besuch vom anderen Stern: 48 Stunden mit meiner Mama

WA-BUMPA! WA-BUMPA! Können Sie das hören? Das ist mein Herz. Ich stehe auf dem Bahnsteig im Hamburger Dammtor-Bahnhof, und es fühlt sich an, als sei ich zwölf, nicht 35. Ich warte. Auf Mama. Die einmal im Jahr vorbeikommt, um ... Ja, wozu eigentlich? »Um zu sehen, wie es dir geht, Mäuselein!«, sagt die knapp 70-Jährige. Und zwar so laut, dass es alle hören, die es wollen. Und alle anderen auch. Weißes Haar, blaue Augen, Gepäck, um neun Wochen in der Tundra zu biwakieren. Meine Mutter. Helga aus Bielefeld.

Mit den Fingerspitzen harkt sie meine Gelfrisur in eine Art Burschenschaftler-Matte um. Oder, nennen wir das Kind doch beim Namen: zu einem Nazischeitel. Sie ist erst vier Sekunden in Hamburg und hat bereits das Kommando übernommen. Über mich, ein 35-jähriges Mäuselein mit Nazischeitel.

Großstädter glauben ja immer, von allem als Erster erfahren zu haben und damit angeben zu müssen. Ich gehöre ehrlich gesagt zur allerschlimmsten Sorte. »Guck mal, Mama, da hinten, das ist ein Coffee-to-go-Laden, da gibt's Kaffee in Pappbechern, falls man es eilig hat«, sage ich. »Ich als Rentnerin habe es ja nie eilig«, sagt sie. »Es sei denn, ich muss am Montag zum Chor, aber da würde ich keinen Kaffee trinken, Mäuselein, bei meinem Blutdruck.« Warum trinke ich eigentlich immer hier Kaffee? Und warum aus Pappbechern? Ich kann mich nicht mehr daran erinnern.

Meine Mutter ist keine weltfremde Frau. Sie lebt in derselben Welt wie ich, auch wenn sie andere Schlüsse aus ihr zieht. Wenn ich ihr erzähle, einer meiner Freunde sei schwul, sagt meine Mutter »Wie schade«, und man bekommt nicht so ganz heraus, ob für ihn oder für alle Frauen, denen er einen Korb geben muss. Mama hat auch einen Computerkurs gemacht. Und behauptet, es gäbe oben links eine Taste, mit der man das Programm beendet, und diese Taste würde »Esprit« heißen. Sie hört im Auto Abba und singt dazu ein schwungvolles Fantasie-Englisch. Die Liste des Absurden ist lang, und

»Nein, Mama, die Klobrille braucht keinen Bezug aus Frottee. Und meine Freundin sieht auch nicht aus wie Tante Irmchen.«

trotzdem steht am Ende ein Satz in Beton gemeißelt: Die Mama ist immer noch die Mama, und einen Witz über sie zu machen fühlt sich an wie Rülpsen in der Kirche. Wenn sie sagt, dass man zu blass, zu mager oder mit einer doofen Freundin zusammen sei, schlägt das ein wie eine Atomrakete in einen Bunker, den man lange für uneinnehmbar hielt. In meiner Wohnung bekommt sie das Bett und ich das Sofa, und für den Satz »Alles so geschmackvoll hier« würde ich am liebsten vor Dankbarkeit bellen. Nein, der Toilettensitz braucht keinen Schonbezug aus Frottee, nein, ich finde nicht, dass meine Freundin auf dem Foto wie Tante Irmchen in Jung aussieht, und nein, Graupensuppe mache ich mir selten, und ja, lass uns was essen gehen.

Eine Stunde später sitzen wir in einem angesagten Restaurant, ich mache auf dicke Hose, tue, als wäre Weinkartenstudieren mein zweites Standbein, und versuche zu ignorieren, dass der Kellner Mama nicht mag. Richtig: Er mag Mama nicht. Sie ist ihm nicht funky genug für seinen futuristischen, weißmöblierten Raumschiffhangar, den er Restaurant nennt. Auf seine Frage, ob es als Dessert noch etwas apple crumble sein dürfe, fragt Mama: »Was ist denn das?« Ich: »So was mit Apfel und Streuseln.« Sie: »Apfelkuchen?« Ich: »Glaub schon.« Als der Kellner die Augen verdreht, fasst sie ihm an seinen Schlips und zieht ihn zu sich herunter: »Ober, ich war 35 Jahre Hausfrau und habe allein drei Jungens großgezogen, ich werde schon wissen, was ich bestelle.« Wenn er jetzt was sagt, arrangiert sie ihm eine neue Frisur, geht es mir durch den Kopf. Oder macht ihm mit einem spuckefeuchten Taschentuch die Mundwinkel sauber. Zahlen, Taxi, Wohnung, Bett.

Am nächsten Morgen stehen wir wieder am Gleis, es schneit, und ich bin so erledigt wie ein Lehrer, der von einer Klassenfahrt zurückkommt. 24 Stunden Mama sind immer gefühlte 48. Man ist heilfroh, dass sie wieder fährt, und möchte sich für das Gefühl gleich in die Visage hauen. Man liebt eine alte Frau, die nach »Tosca« riecht und die einem schon wieder an den Haaren rummacht.

Man wird das nie verstehen, es ist stärker als man selbst. Der ICE ruckt los. Man will mit, und es ist besser, dass man hier ist. Ich drehe den iPod auf. Zurückbleiben. Bitte.

IQ Sexy: Eine kluge Freundin haben

Männer sind ängstliche Wesen. Wir fürchten uns vor Haarausfall und davor, verhauen zu werden. Vor grauen Umschlägen von Ämtern, in denen steht, dass unsere Rente aus einer Dose Hundefutter und sieben Euro Taschengeld besteht. Wir fürchten alte Zahnärzte und jüngere Männer mit flacheren Bäuchen. Wir haben Bammel vor klebrigen Pärchenabenden, an denen wir plötzlich den gleichen Schmier reden wie unsere Eltern.

Irrational? Ja, auch davon haben wir einiges zu bieten: Unter Männern gilt es als ausgemacht, dass Monster die Füße abbeißen, wenn man so unvorsichtig ist, sie unter der Decke herausgucken zu lassen. Krieg, Krebs, die falschen Geräusche beim Sex und im Club schon den Refrain eines Songs brüllen, während eigentlich noch eine Strophe dran wäre. Das Männerleben ist eine Seenlandschaft aus Fettnäpfchen, die tiefer sind als der Nordatlantik. Natürlich würden wir nix davon zugeben, aber seien Sie sicher: Die Liste ist länger als diese Seite, und die richtig schlimmen Klopper habe ich aus Gründen der Restwürde ausgespart.

Wovor Männer besonders viel Angst haben, ergab jetzt eine Studie der Universität Magdeburg. Die Forscher wollten wissen, warum intelligente Frauen so oft als Single durchs Leben gehen. Lange glaubte man, dass es an endlosen Bürozeiten liege, an Nächten allein und überm Laptop, während an einem das Beziehungsleben der anderen vorbeirauscht wie ein D-Zug in der Dunkelheit. Doch nein, alles falsch, das Problem sind – Spot an! – die Männer. Denn die suchen sich gern eine Frau, die ihnen geistig unterlegen ist, so die Studie. Eine Frau hingegen mit besserem Abi oder Uni-Abschluss, die den cooleren Job hat und sogar mehr verdient, wirkt auf Männer wie die Aussicht auf eine raubeinig durchgeführte Prostata-Untersuchung in einem nordkoreanischen Feldlazarett.

Kurz: Kluge Frauen machen uns Angst. Weshalb? Weil wir fürchten, enttarnt zu werden. Weil wir Angst haben, es könnte auffallen, dass auch wir keinen blassen Schimmer haben, wie man den Grill ordentlich anschmeißt, Motoren repariert, Zeppeline betankt, Mondlandungen plant. Dass auch wir, so lange wir denken können, nur improvisieren und das Wort »Bruttosozialprodukt« zwar schreiben, aber seine Bedeutung nicht wirklich erklären können. Fünf Wörter: Wir haben Angst vor Blamage.

Was tun? Von klugen Frauen zu verlangen, sich blöd zu stellen, um einen Typen abzubekommen, wäre ungefähr so, als würde man von einem Rennpferd verlangen, zu hinken und in einem Teletubby-Kostüm auf die Rennbahn zu gehen, nur weil es dann Applaus bekäme. Es klingt grotesk, und genauso wirkt es auch, wenn offensichtlich kluge Frauen in der

Gegenwart von Männern ihren Intelligenzquotienten runterregeln und plötzlich mit Kieksstimme reden, als hätten sie sich die Heliumballons eines ganzen Kindergeburtstags reingezogen. Und am Telefon »Tschie-hieß!« statt »Tschüss!« sagen.

Ratlos? Nein, eine weitere Studie über Männer und Frauen, diesmal aus Australien, macht Hoffnung. Der Untersuchung zufolge sind die glücklichsten Ehemänner nicht die, die eine Dumpfbacken-Barbie haben, sondern jene, die eine kluge Frau geheiratet haben. Wie das? Ich stelle mir vor, wie so ein australisches Paar gemeinsam den neuen Computer aufbaut. Wie der Mann scheitert, immer die falschen Tasten

Warum intelligente Frauen so oft Single bleiben? Weil Männer ständig Angst haben, enttarnt zu werden.

drückt, die Kiste nicht laufen will, bis seine Frau das Problem in die Hand nimmt, so etwas wie »anderes Betriebssystem« nuschelt, dann »Neustart« drückt und das Ding zum Schnurren bringt. Ich stelle mir vor, wie der Mann leicht zerknirscht sagt: »Aber Baby, erzähl das bitte nicht meinen Kumpeln in der Bar.« Ich stelle mir vor, wie zwischen den beiden ein Lächeln hin- und herflitzt und die Frau dann sagt: »Keine Bange, Sugar. Das bleibt wie immer unser Geheimnis.«

In weiter Ferne so nah: Liebe in zwei Städten

Wenn mich meine Chefin irremachen will, legt sie Konferenzen auf Freitag, 17 Uhr. Und ich rede hier von der richtig amtlichen Sorte von irre. Bei der man den Kopf rhythmisch an die Bürowand wummst. »Bitte, wumms, nicht, wumms, um, wumms, 17 Uhr!«

Menschen mit Fernbeziehung kommen am Freitag mit einem Rollkoffer ins Büro, ihnen hängt der Mief des Sonnenstudiobesuchs in der Haut, denn sie wollen ja heute Abend gesund gebräunt aussehen und nicht abgewohnt, mürbe und beige. Sie haben eine neue Jeans an, eine Körpersprache wie ein Sprinter im Startblock und können, selbst wenn sie an den Füßen aufgehängt würden, die Abfahrtszeiten sämtlicher ICEs aufsagen. Sie empfinden Konferenzen am Freitag um 17 Uhr als Leberhaken in die Privatsphäre. Sie halten die Luft an. Und atmen erst komplett aus, wenn sie Platz genommen haben. Um 17.32 Uhr im ICE von Dresden nach Frankfurt, im Auto von Bayreuth nach Berchtesgaden oder, wie in meinem Fall, im ICE von Hamburg nach Berlin. Ich gehöre jetzt dazu, zu der Völkerwanderung of Love, kenne die Speisewagenkarte mittlerweile so gut wie meinen Personalausweis. Tee, Hühnerfrikassee, Schokomuffin. Bestellen, essen, zahlen, aussteigen.

Wie gesagt, ich bin nicht allein. Jede achte Beziehung der Republik ist eine Fernbeziehung. Ein Tross von rund einer halben Million Menschen macht sich jedes Wochenende auf die Reise, pendelt zwischen »hier bei mir« und »dort bei dir«. Klingt romantisch, oder? Kein Wunder, denn der Fern–

beziehungsmensch ist ein Genie im Schönreden. Hamburg – Berlin, das sind für mich nicht 257 Kilometer, sondern hundert Zugminuten.

Fragt man den Fernbeziehungsmenschen, wie das Wochenende war, sagt er immer »schön« – denn wie schlimm wäre es, nach all den Kilometern, dem Leben aus der Reisetasche, den doppelt angeschafften Joggingschuhen, Zahnbürsten, Pyjamas, Handyaufladekabeln und all den Taxifahrten am Ende einfach nur ein »ganz okayes« Wochenende zu haben? Sie merken schon: Die Erwartungslatte hängt hoch, und jeden Freitag wird gesprungen. Und alle Regler werden

Menschen mit Fernbeziehungen kommen freitags mit Koffer ins Büro und kennen sämtliche ICE-Abfahrtszeiten.

nach oben gedreht. Dreimal essen gehen, ein Konzert am Samstag, eine Ausstellung am Sonntag, im Bett frühstücken, zusammen baden. Genug Programm, um eine Urlaubswoche zu füllen, komprimiert in 48 Stunden. Das Weekend wird ausgepresst wie eine Orange, dann wird die Schale abgenagt, der Stängel gekaut, keine Zeit darf verschwendet werden.

Der Samstag ist der beste Freund des Fernbeziehungspaares, man hat ja noch morgen. Der Sonntag fühlt sich an wie der letzte Tag der Schulferien, bevor man wieder im Braunkohletagebau der Single-Woche zu schuften anfängt.

Blicken wir den Tatsachen ins tränengefüllte Auge: Es ist total bescheuert. Man merkt, dass man dafür eigentlich zu alt ist. Dass man dauernd für die eigene Wohnung Blumen kauft, deren verwelkte Reste man am Sonntagabend dann wegwirft. Und der Neid ist da. Auf all die Paare, die in der gleichen Stadt leben, die morgen, am Montag, zu Ikea fahren oder »Aktenzeichen XY« gucken oder zusammen Kartoffelbrei aus dem Topf essen oder den Wagen in die Waschanlage fahren.

Und dann? Dann packt man wieder die Tasche für die Rückfahrt. Taxi, Bahnsteig, Tee, Hühnerfrikassee, Schokomuffin. Im ICE von Berlin nach Hamburg am Sonntag, dem Rückreisetag, tragen alle ihre iPod-Stöpsel, man hört noch einmal dem Wochenende hinterher, riecht noch einmal an der Haut, die nicht nur nach einem selber riecht. Man will mit niemandem reden. Es ist so kitschig, es ist so voller Breitwand-Doktor-Schiwago-Pathos, dass man darüber eigentlich lachen müsste, wenn es nicht so dämlich wäre. Und dann sieht man die Lichter von Hamburg auftauchen. Es nieselt, im Kopf und auch sonst. Es tut weh, und man ist dabei so lebendig wie selten. Es kribbelt und piekst, es nervt und macht müde. In fünf Tagen ist Wochenende, 17.32 Uhr, Gleis acht.

Das Handy brummt. Und man antwortet, ein bisschen traurig, ein bisschen glücklich: »Ja. Ich dich auch.«

Das isse: Mama trifft Freundin trifft Dorf

Es gibt Schraubenkaffee. Und Schraubenkaffee gibt es nur hier – bei meiner Mutter in Bielefeld: einen starken, bitteren Filterkaffee, der so schmeckt, als ob am Boden der Kanne eine rostige Schraube liegt. Laut meiner Mutter schmeckt Schraubenkaffee am besten mit Kaffeesahne aus kleinen, dunkelbraunen Einmaldöschen. Vor allem wenn der Kaffee »schön lange auf der Warmhalteplatte gezogen hat«, sagt Mama und schenkt mir und meiner neuen Freundin nach und lässt jedem zwei Süßstofftabletten in die Brühe plumpsen.

Wir sitzen in Mamas beige- und goldfarben eingerichtetem Wohnzimmer. Zwischen uns und der Welt hinter der Balkontür wallt eine spinnenwebdünne Gardine, man kann ein paar Vorgartentannen sehen, auf denen Schnee liegt. Die Atmosphäre schwankt zwischen Klaustrophobie für Fortgeschrittene, Abiprüfung und trachtenjackiger Gemütlichkeit.

Meine neue Freundin und ich absolvieren gerade, was Mama vor zwei Wochen am Telefon »den Antrittsbesuch« genannt hat. Drei Stunden Autofahrt Hamburg–Bielefeld. Aussteigen, Blumen, aber das wäre doch nicht nötig gewesen. Neue Freundin trifft Mama. Das bedeutet: Man setzt sich

24 Stunden allen Anekdoten aus, die Mama über mich parat hat. Der finale Striptease, die Vergangenheit wird geröntgt, gegen das Licht gehalten, alles kommt auf den Tisch. Und als ob das noch nicht reichen würde: Neue Freundin trifft das Dorf, aus dem ich komme, eine Siedlung mit drei Bushaltestellen, zwei Fabriken, einem Bahnübergang und dem alten Schwimmbad, in dem jetzt eine Spielothek drin ist.

Neue Freundin sitzt auf der Besetzungscouch, dem Ort, an dem meine beiden Brüder und ich die jeweils neue Freundin

Mama serviert Filterkaffee und einen Aschenbecher aus Salzteig, den ich ihr 1981 zum Muttertag geschenkt habe.

Platz nehmen lassen: um Schraubenkaffee zu trinken und um – seien wir ehrlich – von Mama ein »Daumenhoch« für unsere Freundinnen zu bekommen. Mama hat in Frauenfragen die Entscheidungskompetenz, die der Bundespräsident in der Politik hat. Sie hat nix zu melden und ist trotzdem die Nummer Eins im Lande.

Ich will, dass Mama die neue Freundin mag, aber ich will nicht gleich – statt in einem Hotel zu übernachten – bei Mama im Wohnzimmer untergebracht werden. Ja, Mama, das ist super, dass du noch meine alte Matratze hast, ja, wenn wir den Tisch beiseite schieben WÜRDEN, hätten es hier zwei Mäuselein, wie wir es sind, wirklich gemütlich. Mein Gehirn

schaltet auf Autopilot, meine Mutter nennt mich und meine Freundin Mäuselein? »Okay. Wir machen es.« Habe ich das gerade wirklich gesagt? Ich habe es. Neue Freundin guckt mich an, als hätte ich ihr gerade die Schraubenkaffeekanne über den Kopf geknallt.

Mama und neue Freundin reden miteinander, es liegt so viel Wohlwollen in der Luft, dass einem ganz flau wird, in Mamas Augen ist ein Daumenhoch zu lesen. Meine Mutter packt blutrünstige Anekdoten aus ihrer Zeit als Krankenschwester und noch blutrünstigere von der Flucht von Schlesien Richtung Westen auf den Tisch, auf dem bereits meine Tanzstundenfotos liegen und ein aus Salzteig gekneteter Aschenbecher, den ich meiner Mutter 1981 zum Muttertag geschenkt habe.

Man kann das Gegenteil behaupten, doch trotzdem stimmt es: Man trägt sein Dorf immer mit sich rum. Egal ob man in Hamburg, Berlin oder New York wohnt oder eine Partnervermittlung auf den Ringen des Saturn betreibt. Zurück im Dorf, fällt die Tarnung weg, egal wie viele Kilometer, Jahre und Einkommensklassen man zwischen sich und das Dorf gebracht hat. Man ist hier nicht mehr der mit dem schicken Job oder dem silbernen Laptop, sondern der, der von Uwe Kleinekatthöfer in den Bullerbach gestoßen wurde und der auf der Klassenreise nach Münster seinen Eiersalat ausgekotzt hat. Man ist nackt und der, der nach dem Abi abgehauen ist und sich jetzt ein bisschen verschämt blicken lässt.

Während Mama ihr Wohnzimmer in ein Matratzenlager verwandelt, gehen neue Freundin und ich am Bahndamm spazieren. Sie hakt sich unter, es schneit auf einen Parkplatz im Laternenlicht, »auf dem früher mal die Pferdewiese war.« Ich klinge so rührselig wie Peter Scholl-Latour, bei einem Rundgang durch Stalingrad. Wir gehen an meiner alten Schule vorbei und beim Süßigkeitenladen, das wären dann die Attraktionen des Dorfes. Alles ist kleiner als ich es in Erinnerung habe. Man sieht es durch die Augen des Kindes und durch die Augen von heute, und die Seele fängt an zu schielen. Man ist traurig, man ist glücklich.

»Und, wie hat es Euch gefallen?« Meine Mutter steht im Gegenlicht, das aus dem Wohnzimmer scheint. »Es ist schön«, sagt neue Freundin. »Es ist wie immer«, sage ich.

Operation Tandem: Sport mit der Freundin

In meinem Freundeskreis gibt es Paare, die sich seit neuestem eine Mail-Adresse teilen. Ich glaube, sie wollen zeigen, dass der eitle und unstete Fluss des Privatlebens jetzt in den lauwarmen Ozean des Familienlebens gemündet ist. Diese Paare haben unheimlich kreative Anrufbeantworter-Ansagen, in denen immer Kindergegacker vorkommt und die alle so klingen: »Das ist der Anrufbeantworter von Thomas (Pause), Theresa (Pause) und (Kindergegacker, Erwachsenengetuschel) Ben-ja-min!« Die Botschaft: Uns gibt es nur in der Familienpackung. Wir halten zusammen wie die Panzerknacker. Wir haben Aluräder mit Kinderanhänger, wir lieben unsere Janosch-Fahrradhelme. Wir sind die Trapp-Familie und haben alle die gleiche Regenkombi an, juchhu!

Ich klinge kurzatmig, giftig und genervt? Ich bin es! Denn ich komme mir dagegen vor wie ein asozialer Windbeutel, der dauernd auf seine Privatsphäre pocht. Der Zeit allein will, um 19 Folgen »Crossing Jordan« auf DVD zu gucken und mit seinen Freunden Squash zu spielen.

Schauen wir den Tatsachen ins Auge: Ich bin ein Neidhammel mit Aszendent Miesepeter. Ein bitteres Fazit für einen Mann Mitte 30. Deshalb habe ich jetzt einiges in meinem

Privatleben umgestellt. Weg vom »Ich«, hin zum »Wir«. Sport mache ich jetzt immer mit meiner Freundin. Wir spielen Squash, joggen Hand in Hand und tragen die gleichen magentafarbenen Kapuzenpullis. Kürzlich haben wir sogar ein Frisbee durch den Park geworfen, als wären wir das Paar aus der Margarine-Werbung. Wie sich das anfühlt? Ich mache es kurz: mies. Es funktioniert nämlich nicht.

Männer und Frauen sollten viele Dinge gemeinsam tun, Sport gehört nicht dazu. Und auch wenn ich jetzt klinge wie der Direktor einer Koranschule in den afghanischen Bergen: Ich bin für eine strikte Trennung von Männer- und Frauen-

Im Urlaub wollen wir zusammen Tandem fahren, ich soll hinten sitzen. Eine gute Übung für mein überbordendes männliches Konkurrenzdenken.

sport. Was treibt Männer an? Exakt: zu gewinnen, um jeden Preis. Keine gute Basis für Fitness mit der Freundin. Dass man ein Hochgefühl daraus zieht, morgens auf dem Weg ins Büro auf einem zergurkten Hollandrad einen Fahrradkurier abzuhängen, ist Frauen schwer zu erklären. Und dass man nicht einfach mal locker ein bisschen Frisbee spielen kann, lässt sich ebenso schwer vermitteln. Ich sag's nur ungern, aber was soll sportlich daran sein, in silbernen Turnschuhen zu Bauch-Beine-Po zu gehen und danach Bionade mit einer komplizierten Geschmacksrichtung zu bestellen? Klingt entspannt. Nach Freizeit. Nach Spaß. Für Männer unvorstellbar. Eine Runde Federball spielen, Volleyball am Strand? »Ich hab den Ball nicht gekriegt! – Ach, macht doch nichts!« Dieser Satz hat im Männerkopf keinen Platz.

Ist Ihnen aufgefallen, wie wenig Männer dem Paartanz und der Jazzgymnastik zugetan sind? Wenn man wenigstens den Gegner umwerfen, anbrüllen, ihm die Wasserflasche über dem Kopf ausschütten oder mit dem heulenden Verlierer Trikots tauschen könnte!

Als ich das letzte Mal mit meiner Freundin »einfach mal total locker, ohne Druck, eine Runde joggen« war, habe ich ein Gespräch über unseren nächsten Urlaub eingefädelt. Ein Täuschungsmanöver, denn als sie anfing, von Südfrankreich zu schwärmen, war das meine Chance, einen Schlusssprint hinzulegen. 200 Meter, Puls wie eine Rakete, Flimmern vor den Augen, Blutgeschmack im Mund, der Sieg zum Greifen nah. Dass meine Freundin mich trotzdem eingeholt hat, war schlimm. Dass sie es aber geschafft hat, im vollen Lauf einfach weiter über den Urlaub zu reden, fühlte sich an wie ein Tritt in die Seele.

In Südfrankreich wollen wir übrigens zusammen Tandem fahren, ich soll hinten sitzen, das sei eine gute Übung für mein überbordendes männliches Konkurrenzdenken, sagt sie. Ich lege in den folgenden Satz allen mir zur Verfügung stehenden Sarkasmus: Ich kann es kaum erwarten.

Fluppenfinale: Meine Freundin hört mit dem Rauchen auf

Manchmal stelle ich mir vor, ich hätte die Wahl zwischen drei Dingen: In meiner Küche wird ein Truppenübungsplatz eröffnet. Die Festplatte meines Laptops verwandelt sich in Hüttenkäse. Meine Freundin hört mal wieder mit dem Rauchen auf.

Wenn ich die Wahl hätte, würde ich mich sofort für den Truppenübungsplatz entscheiden. Es gäbe einen Schützengraben zwischen Küche und Wohnzimmer, abends grummelt ein Panzer durch den Flur, ein Hauch von Abenteuer in der Yuppie-Bude. Aber man hat eben nicht immer die Wahl. Meine Freundin hört gerade mit dem Rauchen auf. Zum vierten Mal in acht Monaten. Vier Wörter: Es. Ist. Die. Hölle.

Seit ich denken kann, habe ich Raucherfreundinnen. Ich glaube, das liegt daran, dass ich aus einer Raucherfamilie komme. »Lasst uns eine rauchen!« Auf diesen Satz reagierte meine Familie immer schon so begeistert wie ein Haufen Wikinger, dem man vorschlägt, ein Küstenstädtchen zu brandschatzen.

Meine Mutter war die beste Freundin meiner Teenagerkumpel, weil sie immer allen eine anbot, begleitet von dem

zu jeder Situation passenden Satz: »Auf den Schreck eine rauchen!« Lagerfeueratmosphäre auf Knopfdruck in einer dunklen Mansardenwohnung im Süden Bielefelds. Meine Mutter rauchte dünne Zigaretten, mit denen sie wie jemand aus dem »Denver Clan« aussah und meine Freunde wie tantige Zuhälter.

Dass die Lungen meiner Familie an Luftbilder von Abraumhalden im Ruhrgebiet erinnern, ist ein offenes Geheimnis. Auch die Küsse meiner Freundinnen schmeckten nach Mamas Zuhälterfluppen, die Welt war ein muffig riechender, aber familiärer Ort. Dass ich selbst nie mit dem Rauchen angefangen habe, lässt sich nur durch einen Gendefekt erklären oder – wie meine Mutter sagt: »Man hätte den Jungen zielstrebiger ans Rauchen ranführen müssen.«

So, und jetzt hört meine Freundin mal wieder damit auf. Und als der übereifrige Streber sage ich dann mit hollywoodreifem Pathos: »Das schaffen wir gemeinsam.« Sie merken schon, wie hier pädagogisches Schmiermittel durch die Sätze trieft. Meine Freundin, die Ex-Raucherin, ich, der Küchenpsychologe.

Nach zwei Tagen lobe ich ihren viel frischeren Teint (gelogen) und nach drei Tagen, dass die Wohnung jetzt viel besser riecht (total gelogen). Dann feuere ich meine Plattitüden ab: »Nein, du hast nicht zugenommen, im Gegenteil; klar, das spart echt viel Geld, pro Jahr ein Urlaub; klasse Willensstärke, wie du das hinkriegst.« Ich mache es kurz: Ich mutiere zum Schleimbolzen.

Ich habe in diesen Phasen eine spezielle Art, »Hey, total super!« zu sagen, die so verlogen klingt, dass ich manchmal Gänsehaut auf dem Herzen bekomme. Sie: »Gestern habe ich wieder keine geraucht!« Ich: »Hey, total super!« Sie: »Na ja, eine habe ich auf dem Balkon geraucht.« Ich: »Trotzdem total super!«

Ich weiß, dass dieser Satz eigentlich für Paare reserviert ist, die gerade ein Baby bekommen haben, aber ich muss ihn trotzdem sagen: Die Nächte sind das Schlimmste. Wenn man um drei Uhr nachts von einer sehr wachen Stimme gefragt wird: »Wäre es sehr schlimm, wenn ich wieder mit dem Rauchen anfange?« Oder: »Hast du in deiner Wohnung irgendwo Zigaretten versteckt?« Wir wissen dann beide, was kommt.

Übereifrig lobe ich nach zwei Tagen ihren frischeren Teint (gelogen), nach drei Tagen, dass die Wohnung jetzt viel besser riecht (total gelogen).

Nackte Füße patschen über Parkettfußboden. Zwei Paar Hände wühlen sich durch alte Nudeln, miefende Joghurtbecher und klammes Espressopulver – bis zum Boden des Mülleimers, in den wir vor drei Tagen ihre Zigaretten geschmissen haben, mit ernstem Blick, den man sonst nur von Seebestattungen kennt.

Feuerzeug, Zigarette, und eine Stimme in der Dunkelheit sagt: »Morgen höre ich wieder auf.« Und ich denke: Ach du Schande! Und alles, was ich sage, ist: »Hey, total super! Das schaffen wir gemeinsam.«

Gut abgeschnitten:
Frauen mit kurzen Haaren

Ich bin ein Fan. Ich war schon immer einer und werde immer einer sein: von Frauen mit kurzen Haaren. Von ausrasierten Nacken, raspelkurzen Ponys, sich wirbelnden Haaransätzen. Kurzhaarfrisuren auf Frauenköpfen vereinen das Unvereinbare. Burschikos trifft weiblich. Maskulin meets feminin. Hart und kantig hier – Rundungen, wie nur Frauen sie haben, dort. Diese Mischung ist für mich nicht weniger als die Definition von Sexappeal: Denn auf der Grenze zwischen hart und weich entsteht eine unwiderstehliche Mischung. Als mein Bruder vor ein paar Jahren genau so eine Frau geheiratet hat, bekam ich in der Kirche vor Neid einen sehr unpassenden Schluckauf.

Wie öde und langweilig sahen all die Langhaarigen plötzlich aus, als Annie Lennox 1983 das erste Mal »Sweet Dreams« im Fernsehen sang. Die weißblonden Haare der Eurythmics-Sängerin waren streichholzkurz und damit viel kürzer als die der meisten Männer. Sie sah aus wie eine zornige Göttin, die bei den US-Marines eingetreten war, um dir erst den Kopf zu verdrehen – und ihn dann abzureißen. Man wollte zur ihr hin – und bloß weg. Sexy und gefährlich. Ein bisschen Hardcore und ein bisschen Frieden. Sweet Dreams are made of this. Annie Lennox' Gittarist Dave Stewart sah gegen sie so langweilig aus wie eine langhaarige Kassiererin, die in den Regen geraten war.

Haare ab, Kopf hoch: Wenn Frauen sich plötzlich ihr Haar abschneiden, horchen Männer auf und schauen hin. Wo eben noch eine Mähne war, ist plötzlich ein ganzes Gesicht zu sehen. Der Vorhang geht zur Seite, Rapunzel packt ein, und auf die Bühne tritt: eine kurzhaarige Frau, die sich traut, nichts zu verstecken. Eine Kira Knightley, eine Halle Berry, eine Sineàd O'Connor. Frauen, bei denen man sich vorstellt, dass

Haare ab, Kopf hoch: Wenn Frauen sich plötzlich ihr Haar abschneiden, horchen Männer auf und schauen hin.

sie einen schnellen dunkelblauen Motorroller fahren und ihn auch reparieren können. Die Paris Hilton Zigarettenrauch ins Gesicht pusten. Die keinen kleinen Hund haben, sondern ein großes Ego. Die morgens nicht in einer süßlichen Haarspraywolke aus dem Bad torkeln, sondern schon lange unterwegs sind. Um, ungeföhnt und unwiderstehlich, eine Bank auszurauben – oder ihren Aufsichtsrat zu kapern. Keine Mannsweiber – sondern Frauen, die sich nicht als Girlies verkleiden. Warum? Weil sie es nicht nötig haben, dass man sie niedlich findet.

Ich werde nie vergessen, wie sich meine erste Freundin

ihre Haare nach einem Streit in einem Wiener Hotelzimmer abschnitt: mit dem Langhaarschneider, den ich in meinem Kulturbeutel dabeihatte. Ihre Haare fielen auf den Fliesenboden des Badezimmers wie blonde Asche. Verletzlich sah sie aus, trotzig. So, als sähe ich ihr Gesicht das erste Mal ohne Make-up. Ich war verliebter in sie als je zuvor.

Das klingt nach Fetisch und Fixierung? Vielleicht. Doch nicht nur ich werde bei kurzen Haaren schwach. Der Haare-ab-Effekt ist international, er bricht Herzen hier und in der ganzen Welt. Erinnern Sie sich an Audrey Hepburn in »Ein Herz und eine Krone«? In der Rolle der Prinzessin Anne trifft sie in Rom einen von Gregory Peck gespielten Reporter. Erst als sie sich die Haare abschneidet, verwandelt sich die mädchenhafte Frau von einer aristokratischen Langweilerin in eine atemberaubende Schönheit. Der Reporter Gregory Peck war verliebt – und alle Männer, die den Film gesehen haben, gleich mit. Audrey Hepburn bekam übrigens dafür 1953 den Oscar. Für ihre Schauspielkunst und – da bin ich mir ganz sicher – auch für ihre wunderschönen Haare.

SECHS IN THE CITY:

Superfreunde in der großen Stadt

Klinkerkiste am Stadtrand: Das Neubaugebiet des Todes

Vor zehn Minuten sind wir in der Hölle angekommen, und ich sage zu meinem Freund Stulli: »Sieht super aus, wird sicher total gemütlich. Die Kinder werden es liiieben.«

Die Hölle – das ist ein Neubaugebiet im Nordwesten Hamburgs, wo Stulli für seine Familie ein Haus baut. Wir stehen auf einer Betonplatte im Regen, aus den Pfützen ragen rostige Drähte, um uns herum Matschwüste, darüber grauer Himmel. Auf der Platte soll später einmal ein Balkon zu sehen sein, erzählt Stulli, dessen Stimme sich gegen den Wind stemmt. Oder das Dach des Kinderzimmers. Oder ein Teil der Garage. Oder von allem etwas, so genau habe ich es nicht verstanden. Neun Meter entfernt liegt der Lärmschutzwall, »zur Innenstadt sind es 50 Minuten«, sagt Stulli, und man merkt, wie oft er diesen Satz schon gesagt hat. 50 Minuten? Falls man einen raketengetriebenen Helikopter hat, denke ich. Lieber würde ich in ein nordkoreanisches Braunkohlebergwerk ziehen als hierhin. »Wie findest du es?«, fragt Stulli. »Ein Traum«, sage ich.

Wer bis zu dieser Stelle des Textes noch keine Depression bekommen hat, geht wahrscheinlich den gleichen steinigen

Pfad wie mein Freund Stulli: von der jahrelang gemieteten Innenstadtwohnung zum baldigen Hausbesitzer in City-Randlage. Stulli baut. So wie letztes Jahr fast 50 000 Familien in Deutschland. So wie gerade all meine Freunde, die nun

gern über die Vorzüge doppelverglaster Balkontüren oder lasierter Deckenpaneele reden. Themen, die so interessant sind wie der Wetterbericht von Wladiwostok. Als Mensch, der »immer noch Miete zahlt« (ein Satz, für den ich Stulli am liebsten sehr stark ins Gesicht boxen würde), schwanke ich zwischen zwei Gefühlen: Neid, den man nie zugeben würde, und unterdrückter Freude, dass man in vier Monaten nicht die Klinkerkiste an der Autobahn bewohnen muss.

Doch das Thema verfolgt einen, denn befreundete Hausbesitzer zeigen ihre Baustellen so unerbittlich vor wie Exhibitionisten ihren nackten Po. Oder werdende Eltern ihre Ultraschallbilder; Schwarzweißfotos, die alle gleich aussehen und nie erkennen lassen, ob da ein Kind heranwächst oder eine Gurke oder E. T. Wichtig ist, dass man beim Anschauen ein Gesicht macht, als lutsche man den Karamellkern eines Bon-

Freunde zeigen ihre Baustellen wie Exhibitionisten ihren Hintern. Oder werdende Eltern ihre Ultraschallbilder.

bons frei. Bei mir hängen fünf Ultraschallfotos mit Magneten an der Kühlschranktür, es sieht aus wie bei »Grey's Anatomy«. Die Kleinen sind inzwischen auf der Welt; die passenden Häuser kämpfen sich noch durch den Geburtskanal.

Nun stapfe ich also jeden Sonntag durch Neubaugebiete. Ich habe mir extra ein Paar dunkelblaue Gummistiefel dafür gekauft, in denen ich wie ein englischer Landadliger aussehe. Für Baustellenbesuche gilt übrigens das Gleiche wie für Ultraschallfotos: Nicht meckern, lieber kluge Fragen stellen. Nachdem meine Freunde genug Schulden haben, um bis

2089 keinen Sommerurlaub mehr machen zu können, nachdem sie bei der ersten Eigentümerversammlung entdeckten, dass die breithüftigen Nachbarn alle im selben Schützenverein sind und im Garten eine Frettchenzucht planen, nachdem all das die Beziehung des Baupaars bis aufs Fleisch gesandstrahlt hat, will man nicht hören, dass der Besucher leberwurstfarbene Ziegel doof findet. Oder meint, das Haus sehe genauso aus wie all die anderen, die gerade aus der Einöde hinterm Lärmschutzwall wachsen. Nein, all das will man nicht. Man will gelobt werden.

Und so lobe ich mich von Baustelle zu Baustelle, von meinen Kumpeln in Hamburg zu den Abiturfreunden aus Bielefeld. Toller Giebel, schicker Carport, ja, das sind wirklich wunderbare Gehwegplatten, klare Linien, fast Bauhaus. Für den Satz »Ich finde es richtig, etwas mehr Geld für Kupferregenrinnen auszugeben, da hat man was für die Zukunft« ernte ich immer dankbares Lächeln und werde für nächsten Sonntag wieder eingeladen, »da kannste dir im Keller die neuen Heizungsrohre angucken«, sagt Stulli, während der Regen auf uns nieselt. Er legt mir eine Hand auf die Schulter. »Du wirst sehen, das wird himmlisch.«

Facebook-Freunde:
Und deren dicke Kinder

Wie heißen die Leute, die hinter der Avantgarde herlatschen? Jene, die nach den Trendsettern kommen? Fußvolk? Mitläufer? Wie auch immer – ich bin einer von ihnen. Eine der Schnarchnasen, die einen Trend immer als Letzte mitbekommen und sich dann besonders reinhängen – voller Konvertiten-Eifer.

Als V-Ausschnitt-T-Shirts, zu enge Jeans, große Sonnenbrillen, Schals aus dünnem Stoff am Hals und George-Michael-Dreitagebärte im Gesicht aus unerklärlichen Gründen hip wurden, habe ich meine Kollegen, die so herumliefen, beschimpft, verhöhnt, verbal mit Matsch beworfen. Seit einem halben Jahr habe ich nun die exakt gleichen Fummel an, finde es mördermäßig chic und trage meine lila gerahmte Ray-Ban-Sonnenbrille sogar im Büro. Mama sagt, ich sähe aus wie ein Frisör. Na ja.

So. Und jetzt bin ich auch bei Facebook. Endlich weiß ich, wann eine in Südafrika lebende Freundin eine Pause am Rechner macht, um einen Apfel zu essen. Und dass ihr neuer Hund Durchfall hat und wie das genau aussieht. Ich bin dabei, wenn alte Schulfreunde, die mir damals schon so sympathisch waren wie eine Zahnwurzelbehandlung, neue Fotos von ihren sehr mopsigen Kindern ins Netz stellen. Kurz: Ich ziehe mir unfassbar banalen Kram rein, der süchtig macht und so öde ist wie das Telefonbuch von Fallingbostel.

Sie ahnen es, ich bin jetzt auch bei Stayfriends und allen anderen Netzwerken Mitglied, um meinen neuen, digitalen Freunden nahe zu sein und von mir zu berichten. Bei einem eitlen Sack wie mir ist die Mitteilungswut kaum einzudämmen. Ich will ehrlich sein: Ich verliere den Überblick. Ich habe jetzt einfach zu viele Freunde, ein Problem, das ich in meinem Leben bisher nicht kannte.

Während Sie diese Zeilen lesen, habe ich drei neue »Freundschaftsanfragen« bekommen. Carolin aus Amsterdam? Benjamin aus Dresden? Steffi aus Bielefeld? Ich habe

Endlich bin ich dabei, wenn Schulfreunde, die mir damals schon unsympathisch waren, Fotos von ihren mopsigen Kindern ins Netz stellen.

die Namen der drei noch nie gehört, und da sie sich mit GEZ-hafter Hartnäckigkeit melden, wächst in mir der teuflische Plan, sie so zu behandeln wie echte Freunde. Einfach mal spontan vorbeikommen und sich den Rasenmäher ausleihen. Ungefragt zum Essen bleiben, weil man den Abend nicht allein verbringen will. Ich könnte auch pampig werden und meckern, dass meine neuen Facebook-Freunde meinen Geburtstag vergessen haben und keiner mit Kuchen vor der Tür

stand, diese Bande herzloser Raben. Oder ich frage mal rum, ob einer mithelfen würde, an einem heißen Tag den Dachboden auszumisten. Vor allem die betonschwere Kommode mit der scharfkantigen Marmorplatte lässt sich ohne Hilfe nicht bewegen. Hey Facebook, wir sind doch Freunde!

Während meine neuen virtuellen Kumpel Fotos von ihrem letzten Yoga-und-Surfen-Urlaub in Portugal hochladen um der Welt zu zeigen, wie geilomäßig ihre Work-Life-Balance ist, habe ich eine Studie der Uni Adelaide gefunden. 1500 Australier gaben zehn Jahre Auskunft darüber, wie oft sie Freunde und Verwandte trafen. Ergebnis: Wer häufig liebe Leute sieht, hat die höchsten Chancen, länger und gesünder zu leben. Berührungen von Freunden führen dazu, dass der Körper Oxytocin produziert, einen Stoff, der Wunden schneller heilen lässt und den Blutdruck senkt.

Berührungen von Freunden. Wenn man also in den Arm genommen wird. Wenn man Schulter an Schulter ein Bier trinkt. Wenn man zusammen angeschickert eine Düne runterrutscht. Wenn man zu zweit auf einem Motorroller sitzt, eine zu dünne Jacke anhat und einem nichts anderes übrig bleibt, als sich aneinander festzuhalten. Ich weiß, wie konservativ, kitschig und trachtenvereinig das klingt. Aber das ist mir gerade sehr egal. Ich schließe mein Facebook-Fenster. In zwei Stunden kommen Stulli, Martin, Dominik, Silke, Felix und Dirk. Freunde aus Fleisch und Blut. Und es gibt nichts Digitales, keine Fotos, auf denen man versucht, viel hübscher auszusehen, als man ist. Es gibt Nudeln.

Plötzlich Millionär:
Eine Lampe und ein Pony

Ich mag keine Gesprächspausen. Und Paare, die miteinander schweigen können, waren mir immer schon ein Rätsel. Ich kann das nicht. Ich muss reden. Dauernd. Mit meiner Freundin, den Kollegen, allen. Mein Mund macht das ganz alleine. Das klingt dann so: »Hör mal, wie mein Computer brummt, wie ein Katze!« Oder: »Das war toll, als es noch Tipp-Ex gab, oder?« Und: »Findest du nicht auch, dass Bushido aussieht wie die Knast-Variante von Heiner Lauterbach?«

Von solchen Sätzen habe ich eine Milliarde in petto, und ich bin nicht stolz darauf. Meine Freundin findet, es sei, als liefe immer ein Radio im Zimmer. Während sie das sagte, meinte ich über ihrem Kopf eine Denkblase zu erkennen, in der stand: »Öfter mal Klappe halten wäre wirklich ein Geschenk!«

Nun ja. Wenn ich nix, aber auch wirklich nix mehr zu erzählen habe, stelle ich meistens folgende Frage: »Was würdest du machen, wenn du morgen zehn Millionen gewinnst?« Dem Reiz dieser Frage kann sich niemand entziehen, ich nicht, der Dalai Lama nicht, niemand. By the way: Was würde der Dalai Lama wohl mit zehn Millionen machen? Nimmt er sein Kassengestell für immer von der Nase und trägt nur noch Elton-John-Brillen aus Platin und Plateau-Sandalen aus Schneeleopardenleder? Oder lebt er seinen geheimen Traum und macht ein Kickbox-Studio samt Schrotflinten-Schießstand auf den Seychellen auf?

Mmh. Man weiß es nicht. Stattdessen hier ein Überblick über die Antworten aus meinem Freundeskreis: Felix wünscht sich einen bequemen Sessel und eine Leselampe fürs Wohnzimmer (Felix: »Ich hab Liebeskummer, verdammt, da lässt sich mit Geld nix machen.«). Silke hätte gern ein neues Rennrad, ein Zimmer mehr und einen Balkon (Silke: »Muss aber

Ohne Geld ist man im Eimer. Mit Geld hat man trotzdem Liebeskummer.

nicht sein.«). Stulli würde sein Haus gern abbezahlen, mal nach New York fahren und seinem Sohn ein Pony kaufen (Stulli: »Oder eine Katze, denn wo soll das Pony wohnen, im Carport?«).

Ganz ehrlich – das alles sind Antworten, bei denen mir ein bisschen übel wird. Und ich im Freundeskreis-Versand gleich eine neue Garnitur »Best Buddies« bestellen will. Ein Mangel an Kreativität gepaart mit Bausparer-Biederkeit, die so bieder ist, dass sie nach Mietskaserne und Kartoffelwasser stinkt, können Sie es auch riechen? Ein Sessel? Ein Rennrad? Ein beklopptes Pony, wenn man sich eine Herde Albino-Mustangs mit verchromten Hufen kaufen könnte? Zehn Millionen sind das Ticket zum Glück. Alles ist machbar: Zeppelinhangar, Prince gibt ein Privatkonzert in meiner Küche, endlich Besitzer einer Parmesankäsefabrik in Norditalien werden. Alles wird einfach.

Dachte ich. Wirklich. Bis ich auf Stephan Goldbart und Joan di Furia gestoßen bin. Die beiden kalifornischen Psychologen leiten eine Beratung für Superreiche, die den beiden die Bude förmlich einrennen. Das Problem der Millionäre: das sogenannte *Sudden Wealth* (plötzlich reich) *Syndrome*. Vor allem Lottogewinner oder Erben fühlen sich durch plötzlichen Reichtum isoliert, trauen keinem mehr, verlieren die alten Freunde, bekommen Depressionen, kurz: führen ein Leben, das beschmierter kaum sein könnte. Eine deutsche Studie zeigt: Lottogewinner sind im Durchschnitt nur ein Jahr froh. Dann ist alles wie vorher. Durchschnittlich glücklich. Man kratzt sich morgens am Hinterkopf, man hätte gern einen Kaffee und freut sich, wenn man jemanden Netten in der Küche trifft und im Radio Crazy in Love von Beyoncée läuft und man dazu ein bisschen mit der Fußspitze wippen kann. Alle Befragten der deutschen Lottostudie wollten übrigens eine Weltreise machen. Aufgebrochen ist schließlich keiner. Ich vermute, sie hatten zu viel mit dem neuen Haus zu tun oder wollten ihre neuen Klamotten einfach nicht so lange alleine im Schrank hängen lassen.

Was also tun? Ohne Geld ist man im Eimer. Mit Geld hat man trotzdem Liebeskummer. Glücksforscher sagen: Freunde, Familie, eine sinnvolle Arbeit, die anderen hilft, macht glücklich – viel Geld tut es nicht. Nächste Woche kaufe ich Felix eine Leselampe, er hat sowieso Geburtstag, den passenden Sessel besorgt er sich dann vielleicht alleine. Und ich nehme meine erste Klavierstunde. Ganz im ernst: Wenn nicht jetzt – wann dann?

Friede sei mit mir: Mogelpackung im Haus des Herrn

Ich stehe mit halb geschlossenen Augen da und höre dem Rentner links neben mir beim Singen zu: »Haaa ... !« Rosafarbenes Poloshirt, Seglerbräune. Er schafft es, zwischen den Strophen zackig auf dem Kaugummi herumzukauen. »... leee«, das ist die dicke Frau rechts. Sie hat ein lila-weiß getupftes Kleid an und Oberarme, die wie prall gefüllte Wärmflaschen aussehen. Sie riecht nach »Tosca«, dem Lieblingsparfum meiner Mutter. »... luuu!«, das bin ich. Und jetzt zusammen: »Ha-le-lu-jaaah!«

Es ist Sonntagmorgen, und ich bin nicht im Bett. Sondern in der Kirche, drei Minuten von meiner Wohnung entfernt. Ich bin das, was mein Freund Stulli einen U-Boot-Christen nennt. Ich lasse mich zu Taufen, Hochzeiten und Weihnachten blicken, dann tauche ich ab. Mein Verhältnis zur Kirche entspricht jenem, das ich zur Zahnreinigung habe. Ich weiß, dass man sich besser fühlt, wenn man da war und diesen sauberen Zahnarztgeschmack im Mund hat. Aber bis ich meinen Hintern in Bewegung setze, ist wieder ein Jahr rum. Dazu kommt das schlechte Gewissen, ein Tourist zu sein, der in Kirchen auf Einheimischer macht. Ich komme mir nicht

vor wie der verlorene Sohn, eher wie eine amtliche Mogelpa-
ckung.

Warum ich heute hier stehe? Weil meine Freundin Silke
zum Yoga geht und meditiert, weil mein Freund Stulli sich einem Chor angeschlossen hat, beide macht das glücklich. Und

ich? Würde auch gern öfter singen. Meditieren lernen. Ich
habe im Internet ein paar Studien gefunden: Gläubige werden seltener depressiv, ihre Wunden heilen schneller, Herz-
erkrankungen sind seltener.

Für einen Hypochonder wie mich sind das drei gute Ar-
gumente. »Ah, Herr Pijahn, kommen Sie jetzt öfter?« – »Ja,

ich würde gern entspannen und mein Herzinfarktrisiko senken.« Ich hoffe, dass so ein Wortwechsel zwischen mir und meiner neuen Pastorin nie stattfindet. Womit wir beim Thema wären:

Falls die evangelische Kirche einen Look-a-like-Contest »Wer sieht aus wie Bischöfin Margot Käßmann?« veranstalten sollte, würde ich meine neue Pastorin ins Rennen schicken. Dunkler Bubikopf, breites Lachen und das, was mein Freund Stulli eine »Null-Bullshit-Aura« nennt. Sie wirkt wie jemand, der ein Überbrückungskabel im Kofferraum hat und weiß,

Ich komme mir vor wie ein Tourist, der in Kirchen auf Einheimischer macht.

dass ein iPod kein kambodschanischer Diktator ist. Genauso hört sich ihre Predigt an. Es geht um Nächstenliebe und – ich fasse kurz in meinen Worten zusammen – warum wir alle so egoistische Säcke sind. Kein »Kumbaya My Lord«, kein wandelnder Strickpulli, der Gitarre spielt, unter ihrem Talar schauen keine Wandersandalen hervor, sondern schwarze Ballerinas. Ihre Predigt ist mit Bibelzitaten dekoriert und wirkt überzeugend. Der »Das-macht-jetzt-keinen-Sinn-aber-Sie-müssen-es-einfach-glauben-Anteil« ist kurz vor null, was ich gut finde.

Da sie auf einer Kanzel steht, muss ich zu ihr hochgucken und fühle mich angenehm geschrumpft, als würde einem ein netter Erwachsener erklären, wo der Bus abfährt. Wer hat mir eigentlich das letzte Mal gesagt, dass ich mich mehr um andere kümmern soll? Ist lange her, oder ich habe schnell den Sender gewechselt.

»Und jetzt singen wir ›Allein Gott in der Höh sei Ehr‹«, sagt sie im Tonfall eines gut gelaunten Personal Trainer. Den Song kannte ich mal, wobei ich mir für das Wort »Song« gleich ein paar Minuspunkte verpasse. Dann sollen wir still beten. Meine Gedanken sprudeln zum Schädeldach wie Kohlensäure in einem Mineralwasserglas: Morgen nach Berlin, mein Sakko kneift, die neue Bürokollegin nervt. Dann etwas weniger: Berlin, Sakko, Büro. Dann ist allmählich Ruhe im Kopf.

»Friede sei mit dir«, sagt die Pastorin in die Stille, und plötzlich drücken mir die Oberarmlady und der Rentner die Hand. Es fühlt sich seltsam, aber nicht falsch an. Wir treten hinaus ins Sonnenlicht, der Rentner bietet mir einen seiner Kaugummis an, was ich auf eine klebrige Art rührend finde. »Und sonst, bei Ihnen alles gut?«, fragt er und schaut mich aus blauen Knopfaugen an. Mein Kopf ist aufgeräumt, ich habe einen leichten Zahnarztgeschmack im Mund. »Ja«, sage ich, kaue auf dem Gummi herum und gucke in die Sonne. »Ja, danke, alles gut.«

Das Jahreshoroskop: Star Wars im November

Sie kennen mich. Ich bin der Typ, der vor dem Buchladen-Grabbeltisch steht. Nein, nicht steht, sondern kauert, auf allen vieren. Derjenige, der seinen Kopf in die unterste Etage klemmt: zu den Knut-der-Eisbär-Kalendern-2007, zu den Bodybuilding-Ratgebern für Schwangere und den Bombennächten-Bildbänden. Und dann zu den Stars des Grabbeltischs: den Horoskopbüchern. Die sind für Sternzeichen-Gläubige wie mich ein sanftes Peeling für die Seele. Nirgendwo sonst bekomme ich so en bloc erklärt, was für ein feiner Mensch ich bin. Ein gutes, also ein besonders wohlmeinendes Horoskopbuch kann mit dem Effekt von fünf Stunden Gesprächstherapie mithalten. Aber vielleicht gilt das auch nur für mich, einen Zwilling mit Aszendent Waage. Laut Horoskopen habe ich neben amoklaufender Eitelkeit die Charaktereigenschaften von Rudi Carrell, gepaart mit denen des Fürsten von Metternich, sprich: eine Labertasche mit diplomatischem Geschick und dem dusseligen Herz eines Golden Retrievers.

Solche Ratgeber machen das Leben besser und im November sicherer. Denn der November ist die Zeit des Jahreshoroskops. Die Würfel werden gerollt und bleiben 365 Tage lang liegen, rien ne va plus, ein Jahr lang Sternstunden oder Star

Wars. Nur mit einem Horoskopbuch in der Hinterhand,
das mir versichert, so ein Spitzentyp wie ich sei für immer im
Wellness-Bereich des Lebens einquartiert,
ist das Jahreshoroskop zu ertragen.
Was, wenn der Wetterbericht der
Sterne zwölf Monate volle Kanne
Regen voraussagt? Schauen Sie sich mal die Prognosen für die
Jungfrau von 2002 bis 2006 an. Lieber einen Monat am Fließ-
band einer ukrainischen Hühnerfabrik arbeiten als Jungfrau
sein, sag ich immer. Die hat ja bekanntlich den rechten Win-
kel erfunden, leitet die Buchhaltungen dieser Welt und trennt
den Müll in neun verschiedene Behälter, die alte Streberin.

Womit wir bei der dunklen Seite der Horoskope angelangt
wären. So wie der Fußballfan seinen eigenen Verein liebt und
andere sympathisch findet, liebt der Horoskop-Fan sein ei-
genes Sternzeichen und drückt ein paar anderen die Daumen. Wassermänner und Löwen zu mir! Alles feine Menschen, von meinen sechs ernstzunehmenden Freunden sind
allein drei Wassermänner. Freiheitsliebend, fahren gern in
den Urlaub und sind bereit, dem schwallernden Zwilling das
Ohr zu leihen. Bevor ich mit den dauernd auf ihre Privatsphäre pochenden Fischen in den Urlaub fahren würde, ja,
da wäre ich schon lieber eine erbsenzählende Jungfrau.

Ich wette zehn zu eins, dass der Däne Helmuth Nyborg
Jungfrau ist. Nyborg hat 2006 an der Universität Aarhus unter-

sucht, ob bestimmte Sternzeichen besonders gut zueinander-passen. Kam natürlich nix bei raus. Hallo! Aufwachen! Der Typ ist JUNG-FRAU! Bevor der zugibt, dass er heimlich Horoskope liest, würde er sich in Guantánamo zur Pediküre anmelden.

Mein Horoskop sagt für heute übrigens einen gewissen Hang zum Ungerechterweise-andere-Leute-mit-Schlamm-Bewerfen voraus. Könnte was dran sein. Wobei ich mir eines ausgesucht habe, in dem langatmig von Planetenkonstella-tionen erzählt wird. Uranus-Einfluss im dritten Haus, Mars

Nirgendwo sonst bekomme ich so anschaulich erklärt, was für ein feiner Kerl ich bin.

schiebt sich irgendwohin, und der Polarstern hängt zu weit links. Man sieht im Geiste Madame Teissier, die Hausastrolo-gin des ehemaligen französischen Staatspräsidenten François Mitterrand, die Beine übereinanderschlagen. Für mich völlig ungeeignet. Ich will keine Wissenschaft. Ich will Genuss und Zuversicht. Ich will wissen, was der Tag bringt, und es soll et-was Gutes sein, das ist doch nicht zu viel verlangt, ruft der ungeduldige Zwilling in mir.

Ich nehme jetzt allen Mut zusammen und blättere mich durch das erste Jahreshoroskop 2010. Wird schon hinhauen. Und wenn alles den Bach runtergeht – dann rufe ich eine Jungfrau an. Die nerven zwar ungemein, aber auf die kann man sich wenigstens verlassen.

Aus eins wird zwei: Paare auf der Trennungswelle

Gestern Nacht klingelte mein Handy – exakt um 4 Uhr 51. Ich konnte die Uhrzeit auf meinem Wecker genau ablesen. Ich habe einen Digitalwecker aus den 80ern, bei dem die eckigen Strich-Ziffern diabolisch leuchten. Und 4 Uhr 51 strahlt in einem unheilverkündenden Rot, wie es vermutlich unter der Türschwelle zum Schlafzimmer Luzifers hervorglüht.

Wer um 4 Uhr 51 anruft, hat nicht Sätze zu sagen wie: »Hallöchen, wir machen eine Kundenbefragung für die Telekom! Liegt Ihr iPhone auch schön geschmeidig in der Hand?« Nein, wer um 4 Uhr 51 anruft, sagt: »Pijahn, wir haben deine Freundin. Keine Bullen! Sonst schicken wir dir eines ihrer abgetrennten Ohren per Post.« Ich nahm den Hörer ab. Am Telefon war mein Freund Felix aus Berlin. Theresa – die Frau, mit der er viereinhalb Jahre zusammen gewesen war – hatte ihn nach zwei Wochen permanenten Streits vor einer halben Stunde verlassen.

Ich glaube an die Existenz des Trennungs-Tsunamis: der Riesenwelle, die sich ruhelos durch die Republik wälzt und Paare auseinanderreißt. Eine Woge, die frisch Getrennte zurücklässt, die schniefend Übernachtungstaschen packen, die Wohnungstür für lange Zeit das letzte Mal hinter sich zuknallen und wundgeheult auf dem Sofa von Freunden stranden. Gäbe es einen Wikipedia-Eintrag zum Thema Trennungswelle, würde er sich wahrscheinlich so lesen: *Trennungs-Welle. Erwischt den Freundeskreis wie ein Grippevirus und bringt immer genau jene Paare auseinander, bei denen es vordergründig am sahnemäßigsten läuft. Und lässt alle Paare im Umfeld grübeln – was ist mit uns? Bleiben wir zusammen?*

Felix und Theresa sind das dritte Paar in drei Monaten, das sich vor meinen Augen in seine Bestandteile auflöste. Ein Paar wie aus dem Beziehungs-Bilderbuch. Verliebt wie Sau, aufeinander bezogen wie Helmut und Loki Schmidt, eines

Ich glaube an die Existenz des Trennungs-Tsunamis: der Riesenwelle, die sich durch die Republik wälzt und Paare auseinanderreißt.

dieser »Alles-Roger-in-der-Altbauwohnung-Paare«, die man vor lauter Glück und am Kühlschrank klebenden Pärchenurlaubsfotos irgendwann vergisst zu fragen, wie es denn eigentlich so läuft. Mit Anfang 30 war der letzte Tsunami durch meinen Freundeskreis gefegt, jetzt, sechs Jahre später, war es wieder so weit.

»Und weißt du, was das Schlimmste an dem ganzen Dreck ist?«, sagte Felix am Telefon mit einer Stimme, die wie Schmirgelpapier klang. »Das Schlimmste ist, dass der ganze Schmuh jetzt wieder von vorne anfängt: traurig sein, müde sein, wütend sein, die Ex zufällig treffen, traurig sein, sich langsam nach oben rappeln, was für ein Dreck.«

Ich erinnerte mich an meine eigene letzte Trennung, nach der ich mich gefühlt hatte, als würde ich auf einem Spielbrett wieder auf das Startfeld zurückgeschoben. Nein, gehen Sie nicht über Los, nein, Sie bekommen auch kein Geld, hat ja mal wieder nicht geklappt, Sie alte Nulpe. Um kurz vor sechs legte ich das Telefon auf und kroch zurück ins Bett.

Felix kommt am Wochenende aus Berlin nach Hamburg – und zieht für ein paar Tage bei mir ein. Wir werden gemeinsam auf den Schwächen seiner Exfreundin rumhacken und beide wissen, dass wir übertreiben. Ich werde ihm pro forma die frisch getrennten Frauen aus meinem Hamburger Freundeskreis vorstellen, obwohl klar ist, dass es dafür zu früh ist. Wir werden diese coole Gitarren-Version von »I will survive« hören und es heimlich gut finden. Wir werden schwierige Mixdrinks trinken, auf dem Dach eine filmreife Zigarette rauchen. Und zusammen warten, dass die Zeit vergeht. Dass die Welle weiterrollt. Und man wieder von vorne anfängt. Man kennt das langsam, auch wenn es dadurch nicht unbedingt leichter wird. Alles auf Anfang.

Realschule reloaded: Das Klassentreffen aus der Hölle

»Okay, wir gehen jetzt rein.« Der Satz klang wie aus einem Thriller, nach Rauchbombe und Geiselbefreiung: ein Hauch von Beirut mitten in Bielefeld. Christoph schob mich Richtung Kneipentür, und mir gingen zwei Gedanken durch den Kopf: Oh Mist, ich will nicht. Und: Oh Mist, ich will nicht.

Wenn es jemanden gibt, der angstfrei zu einem Klassentreffen fährt, will ich ihn kennenlernen. Er kommt wahrscheinlich gerade von einer Zahn-OP, die er gut gelaunt hinter sich gebracht hat, zum Geräusch des Bohrers »New York, New York« schnippend, er hat Nerven aus Kneifzangenstahl und ein Ego wie Roberto Blanco auf Kokain. Ich bin sicher: Sogar der Papst hat Bammel davor. Vor dem Vergleich mit dem, der man früher war.

Tür auf, Kneipenlicht, und dann standen wir mittendrin. Klassentreffen sind wie Familienfeiern. Nur dass man mit den Beteiligten nicht die Gene teilt, sondern ein Stück Biografie. Statt der gleichen Nase hatte man den gleichen Mathelehrer. Man fand die gleichen Mädchen gut, nannte Französisch »Franze« und verbrachte mehr Zeit zusammen als mit seinen Geschwistern. Klassentreffen. Sosehr man gegen das Pathos anwitzelt: Man ist zu Hause, wieder in seinem Jugendzimmer, worin man Weihnachten einquartiert wird. Man will hier nicht mehr wohnen, aber es ist toll, für eine Nacht darin zu schlafen. Ich stand in einem Raum voller Leute, die wissen, wie ich mit Lederkrawatte und »Miami Vice«-Sakko aussehe, wenn ich mit 30 Stundenkilometer auf einem Mofa fahre und dabei »Too shy, hush hush, eye to eye« von Kajagoogoo singe. Ich fühlte mich als Teil einer zum Leben erwachten Vorher-Nachher-Fotostrecke.

Christoph hatte keines der letzten Jahrgangstreffen verpasst und mir im Taxi die zwei wichtigsten Regeln eingebläut.

Ich war in einem Raum voller Leute, die wissen, wie ich aussehe, wenn ich Mofa fahre und *Too shy, hush hush, eye to eye* singe.

Zieh bloß nicht die Klamotten an, die du zu Abi-Zeiten cool fandest, du kommst zum Grundschultreffen ja auch nicht mit dem Tretroller. Und: Glaub nicht, dass du die Mädchen, in die du mal verliebt warst, nicht immer noch gut findest. Oberstufenverknalltheit hält länger als Pattex.

Tür auf, Jacke aus – und da standen sie alle: Conny Oberhorstschelp zeigte Kinderfotos herum. Sie hatte schon viermal Nachwuchs bekommen und fuhr ein Liegerad mit Anhänger, das vor der Kneipe parkte. Sie hatte eine tiefe Liebe zu frittiertem Essen entwickelt oder war schon wieder schwanger, oder beides. Sie und ihre ehemals beste Freundin Nicole diskutierten, wer an den anderen Tischen dicker geworden war oder sich auf eine mutige Haarfarbe eingelassen hatte.

Fazit: Alle hatten zugenommen, die mit Kindern waren auf die ohne ein bisschen neidisch und umgekehrt.

Die nächste halbe Stunde hatte Christoph als »Dicke-Hose-Phase« angekündigt. Jeder erzählte, wo er arbeitet, wie erfolgreich er ist, welche Instrumente die Kinder spielen. Beruhigend: Aus niemandem war was beängstigend Tolles geworden. Die Missgunst, die alle schussbereit mitgebracht hatten, wurde wieder weggesteckt. Ich begann mich zu entspannen. Wenn jemand gerufen hätte, dass morgen »Franze« ausfällt, hätte ich reflexartig gejubelt.

Alle hatten sich verändert? Nein, niemand. Die Physik-Leistungskurs-Typen, deren Haare von ihren Müttern geschnitten wurden, ließen das jetzt vermutlich von ihrer Frau erledigen. Die Schüchternen waren immer noch schüchtern, die Klassenclowns albern. Es gab noch ein Bier und noch eins und noch eins. Und dann stand sie vor mir: Kerstin Birkeling, die Frau, in die viele damals verliebt waren. Sie sah nicht gut aus; sie sah super aus, hatte zwei Kinder und – Schräglage. »Die Sache ist doch die«, ein glasiger Blick kam auf mir zur Ruhe. Ein ausgestreckter Zeigefinger durchrührte die Luft. »Man merkt, wie sehr man die meisten immer noch mag«, sagte Kerstin. »Und man bekommt zu den Erinnerungen noch sein Leben von heute obendrauf. Man macht also Plus.« Sie legte eine Kunstpause ein und deutete mit dem Finger auf mich. »Geile Geheimratsecken übrigens.«

Ich habe immer schon einen Hang zu Kalenderspruch-weisheiten, und das Pathos des Moments erledigte den Rest. Ja, man macht Plus. Nichts war verloren, man hatte mehr als vorher, wenn auch nicht auf dem Kopf. Als ich um halb vier mit Christoph zum Taxistand ging, stand der Mond über Bielefeld. Wir waren wieder verknallt in Kerstin. Es war traurig, es war herrlich. Von fern hörte man ein Auto, es klang wie mein altes Mofa. Hush, hush, eye to eye.

Galerie der Angst:
Der Vernissagen-Feigling

Ich habe einen räudigen Kunstgeschmack. In meinem Kinderzimmer hing ein Gemälde eines weinenden Pierrots. Er kraulte einem Einhorn die Nase und sah dabei so traurig aus, als sei sein Leben so amüsant wie ein Glas Wurstwasser. Im Hintergrund war ein dicker Vollmond zu sehen. Später kamen weichgezeichnete Fantasy-Landschaften hinzu: türkisfarbene Berge, Bäume, Seen. Bei meinem Lieblings-Gemüsetürken hängt hinter der Schafskäsetheke so eine Landschaft, und ich gucke sie mir immer gern an.

Trotzdem ist mir dieser miese Kunstgeschmack peinlich. Deshalb gehe ich jetzt mit meiner Freundin Silke zu Vernissagen – und habe Angst, von echten Kunstliebhabern enttarnt zu werden. In meinem Vernissagen-Albtraum ruft jemand: »Hey, der mit der großen Nase da hinten! Der hat keine Ahnung, bei dem hingen früher Pierrot-Poster an der Wand!«

Vernissagen-Feiglinge wie ich gehen auf Nummer sicher – sie ziehen sich nicht an. Sie verkleiden sich. Ich trage einen schwarzen Cordanzug und meine Hornbrille, mit der ich aussehe wie eine Kreuzung aus einem deutschen Raketeningenieur aus den 30ern und einem ägyptischen Diktator.

Letzten Samstag war es wieder so weit: Vernissage in einem Hamburger Hinterhof. Prosecco, zwei DJs mit Pelzmützen, die alte Madonna-Songs mit Polka mixten, was sehr gut klang. Ich stand vor einer vibrierenden schwarzen Gummifußmatte. Sie schnurrte wie eine Katze, die einen Vibrator verschluckt hatte, und trug den schönen Namen »Porno 1000«. Ich war ratlos, durfte man das anfassen? Sollte man sich draufsetzen?

Vernissagen-Feiglinge wie ich sind leicht zu verunsichern. Wenn sie Kunst nicht verstehen oder von ihr nicht berührt werden, glauben sie: Ich bin zu doof. Ich komme aus Bielefeld, ich hätte den Schweinemastbetrieb der Eltern übernehmen oder einfach im Bett bleiben sollen. Außerdem sind Vernissagen-Feiglinge neidisch. Auf alle, die auf Vernissagen echten Spaß haben. Auf Leute wie meine Freundin Silke. Sie trinkt Weißwein, futtert Salzstangen in Krankenhausmengen und lacht über die Kunststudentinnen mit ihren schmerzhaft engen Jeans und den komplizierten Umhängetaschen. Sie hat auf Vernissagen das zufriedene Gesicht eines Babys, dem man auf dem Wickel-

tisch den Po föhnt. Sie hat kein Problem, Sätze zu sagen wie: »So ein Schrott, das hätte ich auch selber machen können.« Oder: »Mag ich überhaupt nicht!« Sätze, die mir auch nach halbstündigem Waterboarding nicht über die Lippen kommen würden, aus Angst, mich zu blamieren.

Doch damit ist jetzt Schluss. Und das verdanke ich? Zwei Künstlern. Vitaly Komar und Alexander Melamid. Die beiden Russen haben per Mail Leute befragt, was für Bilder sie mögen und was darauf zu sehen sein sollte. Mehrere tausend

Ich trage einen schwarzen Cordanzug und meine Hornbrille. Ich sehe unheimlich klug und unheimlich behämmert aus.

Menschen in Amerika, Island, Frankreich, Russland, Deutschland erklärten, am liebsten mögen sie, tatatataaa: Landschaftsbilder. Ein Baum, ein See, ein Berg. Fertig.

Nächste Woche werde ich mit Silke wieder zu einer Ausstellung gehen. Und ich werde mich mordsmäßig amüsieren, ich werde Weißwein trinken wie ein Gulli und zu Madonna tanzen, denn ich weiß, dass ich nicht der Einzige bin, der heimlich auf Gemüsetürken-Gebirge steht, ich werde mich beschwipst auf vibrierende Gummimatten setzen, wenn mir danach ist. Ich werde tanzen, bis der dicke weiße Pierrot-Mond aufgeht. Und wenn ich auf dem Nachhauseweg einem Pferd begegne? Dann kraul ich ihm die Nase.

Amore molto bekloppte: Einseitig verliebt in Italien

Der italienische Kellner, der eben noch neben mir gestanden hatte, hockte am Boden. Er hatte das Tischtuch mit sich gerissen, einen Stuhl so stark gegen die Wand geworfen, dass eines der vier Beine zersplittert war, eine Flasche Weißwein lag zerbrochen neben ihm. Der Kellner blickte zum grün und blau leuchtenden Fernseher, der in der Ecke des italienischen Restaurants in Berlin Mitte stand. Juni 2010: Italien war gerade in der Vorrunde aus der Fußball-WM ausgeschieden, ohne auch nur ein einziges Spiel gewonnen zu haben. Noch einmal holte der am Boden liegende Kellner Luft, dann streckte er seine Arme Richtung Fernseher wie ein wütender Dirigent und schrie folgende Worte, die auf Italienisch zwar opernhafter klingen, die ich hier aber der Verständlichkeit halber ins Deutsche übersetze: »Diese Mannschaft ist eine Bande von Transvestiten! Von Hurensöhnen und Scheißidioten und dem Analverkehr nicht abgeneigten Prostituierten! Schweinemisere! Scheiße! Schwanz! Scheiße! Schwanz!«

Ich bin das, was mein Freund Stefano einen italiengeilen Deutschen nennt: einer dieser Typen, die einfach alles zwischen Mailand und Palermo lieben. Stefano ist ein in Deutschland geborener Italiener, mit dem ich genauso stark befreundet bin, wie ich ihm mit meiner Italienliebe auf die Nerven gehe. Ich sage zur Begrüßung gern »Ciao, come stai, Steeeefano?«, »Hallo, wie geht es, Steeeefano?«, wobei ich gerne ein bisschen italienische Dialektversuche beimische, was ihm jedes Mal unfassbar auf den Zeiger geht. Und worauf er deshalb immer mit einem »Ciao Stronzo!« antwortet. Das bedeutet so viel wie: »Hallo Kackhaufen.« Ich fühle mich immer geschmeichelt.

Wenn Sie einmal in einer Eisdiele stehen, und der Typ vor Ihnen nötigt dem Mann an der Gefriertruhe ein mehrminütiges Gespräch bestehend aus Speisekartenitalienisch auf, dann können Sie sich sicher sein – ich bin es. Der Kerl, der im italienischen Restaurant »Due Espressi!« Richtung Bar ruft, als sei er der Don von Positano. Exakt. Ich. Die Kellner gucken dann meist kurz zu ihrem Chef und nicken, während um den Mund so ein Ausdruck spielt, als hätten sie in eine unaufgetaute Tiefkühlpizza gebissen.

Va bene, jetzt hat es auch der Letzte begriffen: Ich liebe Italien. Und zwar alles aus Italien. Ich liebe italienisches Waschmittel, italienische Motorroller, das Essen, das Wetter, die rosafarbenen Sportzeitungen, die ich mir im Urlaub fachmännisch unter den Arm klemme, ohne sie je zu lesen, die Autobahnen, krakeelende Mütter und noch lauter krakeelende dicke Kinder, die mit Beton zugegossenen Strandpromenaden in Kalabrien, die so hässlich sind, dass man sie eigentlich bombardieren müsste, die grotesken Frisuren der Teenager, die wie Zuhälter aussehen, die Rockstarsonnenbrillen, die klebrigen Schlager im Radio, die Heiligenbildchen in katholischen Kirchen. Und ich liebe fluchende Italiener.

Stefano glaubt, dass die Deutschen so auf Italien stehen, weil dort alles erlaubt scheint, was in Deutschland als doof oder zumindest unerwachsen gilt: amoklaufender Körperkult, das Lob der schönen Oberfläche, Machismo, die ganz große Pose. »Deine Italiengeilheit, das ist genau die Sorte Begeisterung, die ein Kolonialherr gegenüber einem von Cholera befallenen Stamm in Zentralafrika an den Tag legt, York. Er erfreut sich an den bunten Masken, die er aus den Hütten klaut, bevor er wieder in sein Flugzeug in die erste

Va bene, jetzt hat es auch der Letzte begriffen: Ich liebe Italien. Und zwar alles aus Italien.

Welt abfliegt und dann rumerzählt, die Schwarzen hätten ja so eine Lebensfreude. Das ist naiv, herablassend, behämmert. Dieses Land ist am Arsch, und du sammelst Cappuccinotassen, bitte sofort aufhören«, sagt Stefano.

Als ich für mein Studium ein Jahr in Italien war, hatte ich, weil die Götter bekanntlich Humor haben, einen italienischen Mitbewohner namens Paolo, der die gleiche flachpfeifige Begeisterung für Deutschland empfand wie ich für Italien. Ich fand das zwar irre, so als ob jemand auf Hawaii lebt und eine Begeisterung für Spiekeroog hat. Aber Paolo liebte einfach Dr. Oetker, Mercedes, Bayern München, die Bundeswehr, Bierkrüge und Ute Lemper, von der er ein paar Videos hatte, was ich als etwas verwirrten Fetisch empfand. Zum Abschied habe ich ihm ein gerahmtes Foto von Helmut Schmidt geschenkt.

Heute Mittag war ich wieder bei dem italienischen Kellner in Berlin Mitte. Ich wollte mich an ihn ein bisschen ranwanzen, ihm noch ein paar dekorative Flüche entlocken, ein bisschen mitspielen dürfen, all die Dinge, die Uli Wickert vermutlich in seiner Zeit als Korrespondent in Paris gemacht hat, die alte Baguette mampfende, frankophile Savoir-vivre-Möhre. »Ciao, come stai?« Ich stand an der Theke und sprach dem Kellner mein Beileid aus, dass Italien ausgeschieden war, was unheimlich geschleimt und unaufrichtig rüberkam. Anstatt mich zu federn und zu teeren, schob er mir eine Tasse Kaffee rüber und sagte nur den einen Satz, für den ich am liebsten in die Knie gegangen wäre. Und den ich ab heute in jedem Gespräch mit Italienern an den Mann bringen werde, so unpassend es auch wirkt. Sprechen Sie mir nach: »Nessun cazzo è duro come la vita.« Ähem. Kein Schwanz ist so hart wie das Leben. Ich muss gleich mal Stefano anrufen, der wird sich freuen.

PRETTY IN PINK:

Weshalb Männer auf Frauen neidisch sind

Angina Mortalis: Die Männer-Erkältung

In meiner idealen Welt gibt es Männerärzte an jeder Ecke. Sie behandeln vor allem: die Männer-Erkältung. In meiner idealen Welt sagen Männerärzte Sätze wie: »Oha, Sie haben eine Männer-Erkältung, das ist ja eine oft tödlich verlaufende Krankheit.« Worauf ich zu dem Arzt, dem dicke weiße Haare aus den Ohren wachsen, sage: »Ich weiß, Doc. Was würde eigentlich passieren, wenn Frauen so was bekämen?« Darauf er, mit Knarzstimme à la Harry Rowohlt: »Die Viren würden eine Frau binnen Stunden töten! Glücklicherweise sind Frauen dagegen immun«, hier lächeln wir uns wissend zu, »und Frauen-Erkältungen viel harmloser.« Ich ziehe die schnoddernde Nase hoch.

Aber da wir in dieser unvollkommenen Welt leben, handelt dieser Text von einer Demarkationslinie. Männer hier, Frauen dort. Und ich sage es offen, in Erkältungsfragen schauen wir Männer neidisch rüber auf die andere Seite. Denn während eine Männer-Erkältung es unmöglich macht, die Rotzfahnen vorm Bett wegzuräumen, das sofortige Einstellen der Körperhygiene zur Folge hat und nur durch Antibiotika und hochdosiertes Mitleid über neun Wochen geheilt werden kann, ist es bei Frauen so ganz anders.

Erkältete Frauen tragen pastellfarbene Schals. Sie liegen zwar auch im Bett, aber irgendwie anders. Mit übereinandergeschlagenen Beinen, neben ihnen liegt ein kleiner Stapel kluger Zeitschriften, es riecht leicht nach Pfefferminz. Der ganze Laden atmet Eleganz und Zuversicht. Taschentücher kommen aus einer Pappbox, auf der ein paar bekiffte Schmetterlinge ihre Runden drehen. Erkältete Frauen nehmen sich eine Auszeit zwischen frisch gepressten Säften, jemand hat Blumen gebracht. Wahrscheinlich eine Kollegin, die – haha, ist doch ein Klacks! – trotz Erkältung ins Büro geht. Und danach zum Yoga. Zwischendurch putzen sich erkältete Frauen die Nase. Leise! Wie geht das eigentlich? Leise Nase putzen? Ich habe wirklich keine Ahnung.

Männer führt die Erkältung in die Nähe des Todes. Die Hochleistungsmaschine, für die auch der lahmste, dickste Peter-Ustinov-Typ seinen Körper hält, hat einen Totalschaden. Sabotage! Wir sind nicht krank, sondern verwundet, statt läppischer Halsschmerzen hat sich eine Angina python-gleich um unsere Gurgel gelegt. Es geht zu Ende. Den Sarg in Fichtenholz, bitte.

Ginge es nach mir, gäbe es eigene Werbespots für Männer-Erkältungsmedikamente. Was wäre das für eine Marktlücke. Die Werbung würde in den Schützengräben der Normandie spielen, und Soldaten brüllten im Kugelhagel: »Verdammt, John, lass den Typen mit Bauchschuss ruhig liegen! Der hier muss als Erster zum Sanitäter. Er hat eine verdammte Männer-Erkältung.«

So. Die Zähigkeit von Frauen angesichts von Schmerz und Krankheit ist beeindruckend und rätselhaft. Bekämen Männer Kinder, würden sie beim nächsten Herrenabend mit der Größe der Dammschnittnarbe prahlen. »Ich hab 18 Stunden in den Wehen gelegen und dann doch Kaiserschnitt. Jungs, die haben mich vom Adamsapfel bis zum Oberschenkel aufgemacht. Hier, guckt mal ... «

Frauen kränkeln und genesen. Und wir stehen staunend daneben. In meiner idealen Welt habe ich auch mal eine Frauen-Erkältung. Sitze auf dem Sofa, gucke mir alte Folgen von »Hart, aber herzlich« an, während ich eine neue Bemalung meiner Zehennägel ausprobiere und warte, dass das Risotto fertig wird. Ich weiß, ich muss nicht sterben und halte

Statt Halsschmerzen legt sich bei uns eine Angina pythongleich um die Gurgel. Den Sarg in Fichte, bitte!

durch auch ohne einen Anruf bei Mama in Bielefeld. Ich muss keine Angst haben, dass der Brockhaus mein Bild neben den Stichworten Selbstmitleid und Heulboje abdruckt. Jemand reicht mir Tee und sagt: »Ist nur ein Schnupfen.« Ich lächle und sage: »Ich weiß.«

Bunt fürs Leben: Wenn Männer sich die Haare färben

Sie sitzen bei »Wer wird Millionär?« als Kandidatin. Günther Jauch hat schon alle lustigen Gesichter gemacht, die er so draufhat. Und einige, die nach starken Schmerzen aussehen. Sie haben die Frage, ob das Nest vom Adler Herbert, Heinz, Hans oder Horst heißt, richtig beantwortet. Jetzt schaut Sie der Showmaster streng an. »Nennen Sie mir innerhalb von einer Minute die Namen von zehn Männern, die mit gefärbten Haaren richtig cool aussehen.« Jauch schafft es, einen zur Seite verrutschten Kussmund zu machen und gleichzeitig die Stirn in Falten zu legen, als habe man ihm einen sehr spitzen Stift ins Ohr gesteckt. »Die Zeit läuft.«

58, 59, 60! 32 000 Euro? Den Bach runter! Ihr Versuch, mit Gerd Schröder und dem weißblonden Scooter-Sänger H. P. Baxxter wenigstens zwei Namen zu sagen, haben bei Jauch und Publikum nur für Heiterkeit gesorgt. Udo Jürgens? Sehr witzig. Cool aussehen, nicht altersschwach, danach wurde gefragt. Wenn Sie jetzt auf dem Nachhauseweg fluchend über die A7 fahren, überlegend, ob der platinfarbene Jean Paul Gaultier cool ist, hoffe ich, dass jemand anruft. Und folgenden Satz zu Ihnen sagt: »Die Frage war unfair.«

Denn Männer mit gefärbten Haaren sehen in den aller-, allermeisten Fällen wie Gebrauchtwagenhändler aus – oder wie zornige Hausmeister. Wie viel einfacher wäre es gewesen, wenn Jauch nach Frauen gefragt hätte. Gwen Stefani, Cameron Diaz, Scarlett Johansson, meine Nachbarin, meine Lieblingskollegin vom Empfang. Eben braun, jetzt blond, dann retour. Wenn Frauen auf die Farbtube drücken, sorgt das bei Männern für Verwirrung, Verehrung, Wahnsinn – und Neid. Waschen, rasieren, waschen, rasieren, Haare schneiden. Bevor ich beim Friseur »Einmal Strähnchen, bitte!« sage, würde ich eher in einem Schuhgeschäft fragen, ob es die silbernen

Haare sind Gäste auf Männerköpfen. Da spachteln wir keine Chemie drauf, sonst hauen sie noch früher ab.

Pumps da vorn auch in Größe 46 gibt (»Nicht einpacken, ich ziehe sie gleich an«). Dem öden, seifigen Takt der Männerkopf-Hygiene setzen Frauen eine Batterie von Möglichkeiten entgegen, eine Palette der Wandelbarkeit. Der Effekt »Eben noch ungeschminkt – jetzt geschminkt« findet im Haarefärben seine schlagkräftigste Verwandte. Die Badtür öffnet sich, und dort steht nicht mehr die Frau, die vor einer Stunde reingegangen ist. Sondern eine bekannte Unbekannte. Annie Lennox zu Gast in der eigenen Wohnung, und sie wird sogar übernachten. Und bevor Sie jetzt fragen: Ja, das ist sehr sexy.

86

Neidisch ist man, wie gesagt. Für Männer steckt hinter oder besser unter jeder Frisur eine Glatze. Haare sind Gäste auf unserem Kopf, die nicht ewig bleiben und auf die wir keine Chemie spachteln, sonst hauen sie noch früher ab. Frauen hingegen haben Haare als ewige Freundin. Schauen Sie mein Foto an. Ich habe bloß einen blonden Pony plus Geheimratsecken, wo eine Frau ein wechselndes Aushängeschild hat: rot, braun, blond, schwarz, weiß, grau – wie und wann es ihr gefällt. (Hören Sie mich »I Am What I Am« summen?) Natürlich gibt es auch die bitteren Fälle: die Färbeorgien, die in Hamburg und Umland gern vom Typ »Sylter Spätlese« getragen werden. Goldschmuck-Ladys um die 50, die wie Jil Sander aussehen wollten, denen der Frisör aber eine Verwandtschaft mit dem Fußballer Andi Brehme auf den Kopf gefärbt hat. Haare in Gelb. Aber so seltsam es klingt, sogar das ringt einem Respekt ab. Welcher Mann würde so viel Aufwand treiben, um gut auszusehen? Wer würde so viel Risiko eingehen, um schön zu sein? Wer würde so viel leiden?

Es ist zum Niederknien, es ist herzzerreißend. Und es ist alles in Farbe.

Madame Hightech: Frauen und Technik

Es gibt einen neuen Frauentypus auf den Straßen meiner Stadt, nach dem ich mir gerade den Kopf bis zur Nackensteife verdrehe: die Hightech-Frau. Die Hightech-Frau hat ein Mobiltelefon – und doch viel mehr als das. Sie besitzt ein Gerät, das aussieht, als stamme es aus dem Waffenarsenal von Catwoman. Oder aus dem Badezimmerschrank von Darth Vader. Der das Superhandy in stillen Momenten aktiviert, um sich damit die Beine zu epilieren und verträumt ins Weltall zu blicken.

Die Hightech-Frau besitzt außerdem einen Laptop so dünn wie Knäckebrot. Er ist silber, weiß oder schwarz, auf die Farbe des Handys abgestimmt und so unverwüstlich wie Kneifzangenstahl. Kurz: Der ganze Kram sieht gleichzeitig nach sexy Science-Fiction und Chanel-Schminkset aus. Die Hightech-Frau bedient ihr Technikarsenal mit einer kleinen Wischbewegung des Zeigefingers und verliert über ihre Ausrüstung ansonsten kein Wort. Und das treibt Männer in den Wahnsinn. Warum? Weil tief in uns die Überzeugung schlummert, dass wir – und nur wir – die Herren der Technik sind. Und dass man darüber möglichst viel reden sollte. Schließlich waren wir es, die das Feuer, das Rad, den Autospoiler und die elektrische Weihnachtsbaumbeleuchtung erfunden haben. Auch wenn wir im wahren Leben hinter einer Käsetheke oder in einem Geschäft für orthopädische Schuhe arbeiten, sind wir ganz sicher, dass unser angestammter Platz eigentlich im Kontrollzentrum der NASA ist. Solange wir da sind, hat Houston kein Problem. Denn wir sitzen in den Maschinenräumen der Welt, leben ein Leben mit dem Lötkolben in der Hand und der Ölkanne auf den Knien.

Uaaah, allein während ich das schreibe, verspüre ich den Drang, schnell etwas festzuschrauben, zu programmieren oder zusammenzuschweißen und dabei »Black and Decker, Black and Decker« zu murmeln.

Teil dieser Weltsicht ist, dass wir keine Gebrauchsanleitungen brauchen, denn – hab ich das erwähnt? – wir haben all den Kram schließlich erfunden und wollen Frauen deswegen dauernd und ungefragt Technik erklären. »Tja ha, da muss wohl mal der Proxy-Server neu eingestellt werden, Schätzchen. Hoho! Da ist wohl ein neuer Dichtungsmuffenverschluss fällig. Haha! Da hat anscheinend jemand den Maustreiber-USB-Stick-Bluetooth-Software-Update-Termin verbaselt!«

Sätze wie diese gehen uns Männern nicht nur leicht über die Lippen, sie hinterlassen sogar einen angenehmen Geschmack im Mund. Über Technik zu klugscheißern ist Teil unseres genetischen Programms, auch wenn wir keinen blassen Schimmer haben und mit zehn Daumen geboren wurden.

Die Hightech-Frau entzieht sich alldem. Sie bekommt ihren Kram allein auf die Kette. Sie benutzt Palm Pilot, Handy,

Laptop, ohne dauernd auf dicke Hose machen zu müssen und ihr Umfeld zum Speicherplatzvergleich aufzufordern. Sie beweist, dass Technik dazu da ist, benutzt zu werden – und nebenbei chic aussehen darf. Männer hingegen schaffen es, den Bereich Modesünden und Technik in einem Topf zu verquirlen. Oder haben Sie je eine Frau gesehen, die ihr Mobil-

Die Hightech-Frau schafft es, dass Technik wie sexy Science-Fiction oder ein Schminkset von Chanel aussieht.

telefon in einem bordeauxfarbenen Kunstleder–Handytäschchen am Gürtel trägt und als Klingelton ein lang gezogenes Pupsgeräusch hat?

Ich selber habe mir zu Weihnachten übrigens einen Freisprechclip für mein Handy geschenkt. Er ist faustgroß, und ich hatte gehofft, damit auszusehen wie ein Agent, der gerade eine Geiselbefreiung plant. Leider haben mir zwei Freundinnen bestätigt, dass der Effekt, wenn ich laut vor mich hin redend durch die Stadt laufe, nicht so ganz hinhaut. »Es wirkt eher so, als seist du deinem Pfleger entwischt«, sagte meine Freundin Silke mit einem kleinen Lächeln, dann bimmelte ihr Handy. Kein Hip-Hop-Beat, kein elektronisches Rülpsen, sondern ein einfaches Klingeln – aus einem flachen elfenbeinfarbenen Telefon.

Das Leben in XXL: Ladys mit Sonnenbrillen

Es gibt eine Handvoll Dinge, auf die sich wahrscheinlich alle einigen können. Auf Dinge, die jeder super findet. Und solche, die einfach Dreck sind. Nach Sonnencreme riechen? Super! Mit Stoffturnschuhen im Hundehaufen stehen? Dreck! Erst beim Aufwachen checken, dass Samstag ist? Super! Erst beim Aufwachen checken, dass Montag ist und die Kontaktlinsen noch drin sind? Mutter allen Drecks!

Gäbe es eine solche Liste speziell für Männer, eine Aufzählung von allem, was man einfach lieben muss als Mann, dann stünde ziemlich weit oben: Frauen mit großen Sonnenbrillen. Ja, Sie haben richtig gelesen. Frauen mit großen Sonnenbrillen. In deren Gegenwart verwandelt sich das Männerhirn nämlich in eine Tüte Popcorn, das Rückenmark schickt nur ein »Boah« Richtung Mund, die Welt wechselt kurz in die Unschärfe. Denn Frauen mit XXL-Brillen senden zwei Signale an Männer aus.

Signal 1: Ich bin inkognito, ein Star, in Gefahr – oder alles gleichzeitig. Die Sonnenbrillenträgerin umweht der Geldbündelgeruch einer frisch überfallenen Bank. Je größer die Brille, desto stärker. Sogar ein Einkaufswagen voller Babybrei, den sie vor sich her schiebt, sieht dank Brille plötzlich wie ein

Fluchtfahrzeug aus. Ein bisschen Jackie O., ein bisschen Bond-Girl, quietschende Reifen mitten im Supermarkt. Morden möchte man für so eine Frau. Oder zumindest beim nächsten Überfall Schmiere stehen.

Signal 2: Zieh Leine, Kleiner. Die Sonnenbrille schiebt einen halbdurchsichtigen Spiegel zwischen ihre Besitzerin und die Welt. Das Burka-Prinzip in Brillenform plus Sex-Appeal sozusagen. Man weiß nicht, was oder wen sie gerade ansieht. Man fühlt sich von so einer Frau gleichzeitig beobachtet und ignoriert, man sitzt im Verhörzimmer. Und betet den Moment herbei, in dem sie die Sonnenbrille für den Bruchteil einer Sekunde abnimmt. Für einen einzigen Holly-Golightly-Blick über den Rand der Brille − mit dem sie wahrscheinlich das Schaufensterglas bei Tiffany zum Schmelzen bringen kann.

Einschüchterung und Verehrung − zwischen diesen beiden Impulsen pendelt das popcorngefüllte Männerhirn beim Anblick einer solchen Frau. Setzt man dann als Mann so eine XL-Brille auf, geht das meist daneben. Entweder sieht man aus wie der uneheliche Sohn von Heino und Darth Vader oder wie ein Käferkumpel von Biene Maja. Dass Männer mit big sunglasses so cool aussehen wie Steve McQueen in »The Getaway«, passiert alle 10 000 Jahre.

Liegt vielleicht daran, dass die Riesenbrille an Frauen immer Teil eines größeren Auftritts ist. Die überdimensionierte Brille kommt selten allein. Meist wird sie in einem Schwung aus einer ebenso überdimensionierten Handtasche gezogen. Was mag da drin sein? In diesen Beuteln, die so riesig sind,

dass man einen Schlüssel hineinwerfen und ein Echo hören kann, wenn er nach fünf Sekunden am Boden aufschlägt. Was mag da drin sein? Sprengstoff, acht Paar Schuhe, zwei Laptops, das Bernsteinzimmer? Während ein winziges Täschchen an einem grotesk dünnen Bändchen wie die Schulbrot-

Was mag da drin sein in diesen Riesentaschen – Sprengstoff, acht Paar Schuhe, zwei Laptops, das Bernsteinzimmer?

dose von Bambi aussieht, demonstriert die Riesen-Bag: Ich habe alles dabei, Leute, ich brauche nichts mehr, die ganze Kohle ist hier drin, und mein Flugzeug geht in ein paar Minuten.

Die Idee mit der Riesentasche soll übrigens auf einer Serviette geboren sein. Schauspielerin und Sängerin Jane Birkin saß Mitte der 80er in einer Maschine von New York nach Paris. Neben ihr der Chef von Hermès. Es heißt, sie habe ihn gebeten, endlich mal eine große Tasche zu entwerfen, in die alles reinpasst, womit man so unterwegs ist. Den Entwurf machte sie auf einer Serviette. 1986 kam die Birkin-Bag in die Geschäfte. Birkin sah damals so gut aus, dass ihr wahrscheinlich niemand einen Wunsch abgeschlagen hätte – eine Frau, so cool, dass man sich für sie in einen Entsafter werfen würde. Sie ahnen es: Sie trug gern große, dunkle Sonnenbrillen.

Helden im Höschen: Der Mann und die Badehose

Meine erste Badehose war aus rosafarbenem Frottee, und ich sah darin aus wie Tarzan – kein Witz. Die Hose betonte meine breiten Schultern, meine ausladende Brust, meine mangogroßen Trizepsmuskeln. Frauenchöre am Dorfstraßenrand sangen »Oh là là«, wenn ich meine Badehose anhatte. Die Munitionssalven, die Neider aus dem Hinterhalt auf mich abfeuerten, zerplatzten auf meinem Dschungelkörper wie Wassertropfen in slow motion. Meine Arschbomben in der rosa Badehose lösten Tsunamis und spitze Schreie der Begeisterung bei meinen Fans aus. Ich war Tarzan, fünf Jahre alt und – das kann man in der Rückschau sagen – ein hyperaktives Kind aus der Bielefelder Vorstadt, mit einer permanenten und außer Kontrolle geratenen Vollmeise.

Warum lasse ich Sie an dieser Therapiesitzung en miniature teilhaben? Weil Männer an die Verwandlungskraft von Badehosen glauben. Damals wie heute, und, ja, wir werden das natürlich immer leugnen. Die Hose bringt unser wahres Ich hervor, sie ist der Spiegel unserer Träume. Eben sind wir noch Büroheinis auf dem Weg zur Kindertagesstätte – Minuten später sind wir Josh Holloway, der Typ aus der »Cool Water«-Werbung. Und das alles dank einer engen schwarzen Badehose.

Und hier wälzt sich auch schon das erste Problem ins Bild: Nur man selbst hält sich für den Mann aus der »Cool Water«-Werbung; für alle anderen sieht man aus wie nach einem langen Winter voller Erkältungen, in dem man fünfzigmal zu oft in die Keksdose gegriffen hat. Die Beine sind nicht weiß – sie changieren ins Hellblaue.

Das Badehosenproblem ist ein universelles. Jeder Mann hat es, und bevor ich jetzt falsche Erwartungen wecke: Es ist aus eigener Kraft nicht therapierbar. Jede Bewegung weg vom Kindheitsideal der Raketenaufdruck-Shorts oder Astronautenmotiv-

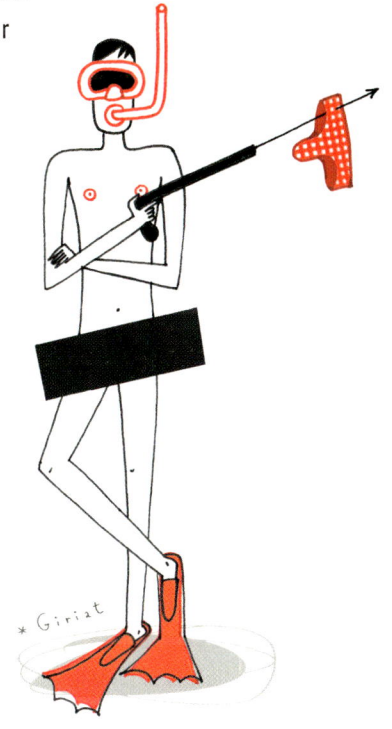

Schwimmhose führt zu einer modischen Bruchlandung, egal wie viel Mühe man sich gibt. Hauptlandeplatz ist die hellblaue Badehose, die Bond-Darsteller Daniel Craig in »Casino Royale« trägt. Sie erinnern sich: Er steigt aus dem Wasser mit einem Körper, der wie aus einem Granitblock herausgelutscht zu sein scheint, und hat eine Hose an wie Barbies Ken. Dabei dampft er so viel Testosteron aus, dass sogar Männern im Kino schwummrig wird. Ich meine mich zu erinnern, kurz vor Neid geknurrt zu haben.

Dass nur Daniel Craig in so einer Hose aussieht wie Daniel Craig und alle anderen wie etwas Eingeschweißtes aus der Wurstabteilung, ist eine Wahrheit, die in Männerköpfen keinen Platz hat. Auch in meinem nicht. Auch ich habe so eine Badehose. Sich ein Daniel-Craig-Teil zu kaufen ist allerdings

Dass nur Daniel Craig in enger Badehose aussieht wie Daniel Craig, ist eine Wahrheit, die in Männerköpfen keinen Platz hat.

schon ein Wahnsinnsschritt. Laut einer Studie des Meinungsforschungsinstituts IFAK kaufen sich nämlich 38 Prozent aller Männer selten oder nie eine neue Badehose. Kurz: Dieser Bereich ist auf unserem Mode-Instinkt-Radar nicht vorhanden. Und wenn wir dann zugreifen, greifen wir daneben. Während Frauen blind und instinktsicher immer einen schwarzen Bikini mit Sixties-Hose kaufen, worin sie dann immer wie Jackie O. aussehen, entscheiden sich Männer für knielange Badebermudas mit Haifischprint oder für Shorts mit sehr weiten Beinen, die dann vom Körper abstehen wie ein zu großes Tennisröckchen. Oder wir packen einfach eine viel zu kleine Badehose ein, was das Waterloo unter den Modekatastrophen ist.

98

Warum wir Männer trotzdem solche Höschen tragen? Kommen Sie, wir betreten kurz zusammen den Kopf eines Mannes, der so ein ganz enges Stück Stoff anhat und der sich beim Sonnen das Ding an den Seiten hochrollt, bis er wie eine Salami aussieht. Im Kopf so eines Kleine-Hosen-Trägers schallen Sätze wie diese vom Schädeldach herab: »Ich bin ein Wahnsinnsathlet! Ich bin Michael Phelps! Mein Körper ist ein schlanker Torpedo, der durch zu viel Stoff von seiner Mission, der reibungslosen Fortbewegung im Wasser, nur aufgehalten wird!«

Auch ich habe, wie gesagt, so ein enges Teil im Schrank, es sieht ein bisschen so wie meine alte Tarzanbadehose aus, und ich denke, ich werde ihm diesen Sommer eine Chance geben. Wenn also das nächste Mal ein Mann mit viel zu wenig Hose am Strand entlanggeht und das Lachen um ihn herum aufbrandet – seien Sie nicht zu streng. Der tut nichts. Der ist einfach noch mal einen Sommer lang fünf Jahre alt. Der will einfach nur spielen.

Frauen-Geländewagen: Das Monster und sein Lenker

Ein magisches Wesen hat die Straßen meiner Stadt erobert: die Frau im SUV. Im was? Im SUV! Sagen wir die drei Buchstaben gemeinsam: Ess, Juu, Wieh. Wie viel cooler geht das über die Lippen als »Kombi«! Wie viel mehr klingt das nach Super-Duper-Austauschjahr in Amerika, den Lands'-End-Parka lässig über den Kaffeebecherhalter geworfen, während der Golden Retriever auf einem der zehn Sitze des Mega-Wagens lächelt! Daddys Girl hat jetzt eine richtig fette Karre. Einen SUV – Abkürzung für Sport Utility Vehicle, den Geländewagen für die Stadt.

Wenn Sie gerade hängen geblieben sind, geht's Ihnen wie mir. Geländewagen für die Stadt? Ist das so was wie Gummistiefel für die Oper? Wer einen Geländewagen für die Stadt braucht, wünscht sich auch eine Fallschirmausrüstung für den Sprung vom Ein-Meter-Brett, oder? SUV-Fahrer glauben, sie schaukelten durch die Hamptons, wenn sie durch Hannover fahren, sie hoffen, dass auf dem Weg ins Büro eine Lawine abgeht, ein Blizzard losbricht, ein reißender Fluss auf dem Supermarktparkplatz auftaucht. SUV-Fahrerinnen haben im Auto immer große, schwarze Stabtaschenlampen, falls auf dem Weg ins Ferienhaus auf Cape Cod Nebel aufkommt, you never know.

Okay, Sie merken es. Hier trieft der gute alte Spaßverderber-Sozialneid aus jeder Zeile. Denn alle wie ich, die keinen SUV fahren, müssen aufschauen – zu den Frauen auf Truckerhöhe. Der SUV ist ein Frauenauto, auch wenn er wie eine von Ledermachos entworfene Kreuzung aus Panzer und geblähtem Kinderspielzeug aussieht, das Testosteron aus der Wischanlage schießen kann. Fast jeder zweite SUV wird von einer

Dass Frauen besser Auto fahren als Männer, wussten wir. Jetzt haben sie auch noch die fettere Karre.

Frau gefahren, Tendenz steigend. In den USA gibt es Designerteams, die nur aus Frauen bestehen – für den weiblichen SUV-Markt. Die Wahrheit ist: Männer macht das neidisch.

Mit Autos auf dicke Hose machen war lange eine Männerdomäne. Jetzt sitzen Frauen am Steuer von zwei Tonnen Stahl, die eine Pferdeherde überrollen können, ohne dass die CD im Player springt. Ein Schlenker, und es gibt keinen Unfall, sondern ein Massenbegräbnis. Kein Wunder, wenn ein Auto zweieinhalb Meter hoch, sieben Meter lang ist und einen Wendekreis hat wie der Space Shuttle. Jeder Mann hat als Kind davon geträumt, ein Feuerwehrauto zu fahren, einen Kran zu steuern, mit 10 000 PS unterm Po, an den Hebeln der

Macht. Noch heute stehen wir vor Baustellen und starren auf die Burschen, die kein Button-down-Hemd haben, aber einen Baggerführerschein.

Diesen Traum haben die Frauen jetzt gekapert. Sie schauen vom Fahrersitz bis zum Horizont, während alle anderen das Kleingedruckte auf dem Nummernschild des Autos vor sich lesen müssen. Der Blick von einem normalen Wagen hoch zu einer SUV-Fahrerin zeigt kein Gesicht im Profil, man starrt zu einem Reiterstandbild hinauf. Das ist auf eine erniedrigende Sadomaso-Art ganz sexy, aber ansonsten niederschmetternd. Dass Frauen besser und sicherer Auto fahren als Männer, wussten wir. Jetzt haben sie auch noch die fettere Karre.

Was tun? Trost spendet das Land, das sich die klobigen Kisten ausgedacht hat: Amerika. Hier geht der SUV-Trend in die nächste Runde – und guess what? Die neue Generation von SUVs ist noch größer. Die Rede ist von Geländewagen, die ein ganzes Ölfeld leer trinken. Wie aber verkauft man die normalen SUV-Modelle, die ja immer noch in den Showrooms der Autohändler stehen? Oder die deutschen Mini-Geländewagen, die jetzt kommen? Das Zauberwort der Autoverkäufer heißt garageability – Garagen-Tauglichkeit. Soll heißen: Der Wagen passt noch in Ihren Carport. Für die amerikanischen XXL-Versionen brauchen Sie nämlich einen Hangar.

Wenn ich das nächste Mal im Schatten eines SUV an der Ampel stehe und der Neid mein Karma annagt, werde ich an unsere deutschen Garagen denken, werde garageability,

garageability als schützendes Mantra aufsagen und dann ein Ätschi-Bätschi. Übrigens, ein super Name für einen Kleinwagen. Der neue Ford Ätschi-Bätschi. Parkt dort, wo andere nicht mal mit dem Außenspiegel reinpassen.

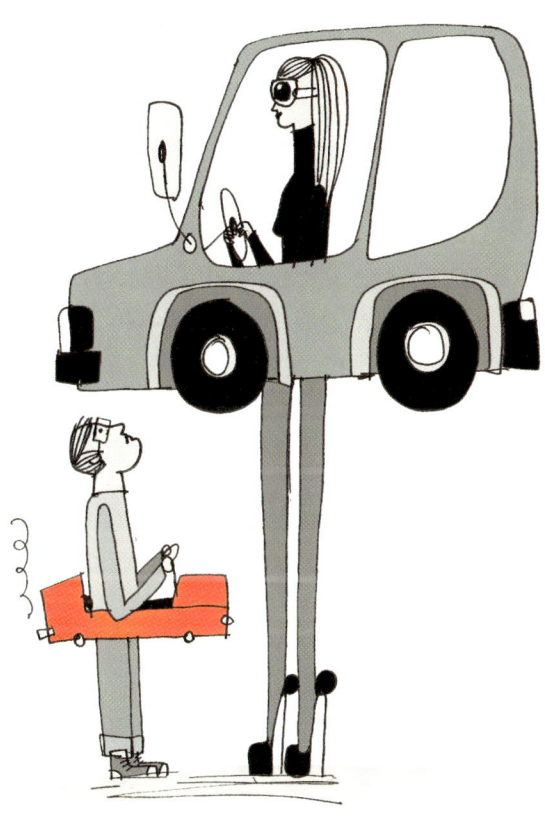

Jungs United: Wenn sich Männer Kindernamen ausdenken

»Hallo, ich heiße York (Pause, Pause, Pause) – *Jörg?* – Nein Yooork, wie die Stadt New Yooork, nur ohne New. – *Hä?* – Wie NEW YOOOrk, wie 11. September, wie World Trade Center, wie Al Quaida, wie Dschihad-Piloten-Alarm. – *Was?* – »Y «, dann »O«, dann »R«, dann »K«. – *Was soll das denn für ein Name sein ...* – Das Leben ist eben eine aufregende Sache und bunt wie eine Bonboniere. – *Und wie spricht man das aus?* – York! Wie New ... ach, wissen Sie was? Schreiben Sie irgendwas. Schreiben Sie Rolf, oder Ingo.«

Diesen Dialog, bei dem mein Gegenüber ein bisschen begriffsstutzig und ich ziemlich aggressiv und genervt rüberkomme, habe ich in meinem Leben schon sehr, sehr oft geführt. York, nicht Jörg, York, nicht Jörg, ich kann das im Schlaf sagen. Manchmal stelle ich mir vor, wie meine Eltern sich meinen Namen ausgedacht haben. 1973: Im Fernsehen läuft der Abspann von »Was bin ich?«, meine Eltern trinken ein Glas Kellergeister, knabbern Toast Hawaii, und mein Vater sagt zu meiner Mutter mit vollem Mund: »Komm, Helga, wir geben ihm einen richtig komplizierten Namen, dann hat er gleich was zu erzählen, dann ist er gleich mit den Leuten im

Gespräch. Er wird dann ein richtiges Kommunikationsgenie. Prost!« So, so. Oder er erschießt sich vor Scham mit einer abgesägten Schrotflinte, sobald er eine halten kann.

Sie merken schon: Mein Verhältnis zu Vornamen ist nicht ganz unbelastet, und die Atmosphäre ist von Gewaltfantasien bestimmt. Mal ehrlich, was geht in Eltern vor, die ihren Kindern Buchstabier-Namen geben? »Clint« oder »Bo-Devin« oder Tyroon? Warum den Kids nicht gleich eine DDR-Flagge auf die Stirn tätowieren? Auch das wäre doch ein super Anknüpfungspunkt für Gespräche. Mein Nachbar hat seinen Sohn gerade Esteban genannt. Esteban Kozikowsky. Das klingt nach unausgelebten Fantasien der Eltern, nach Restwünschen für die eigene Biografie, die dann im Namen der Kinder ausgetobt werden, nach einem Star der Pornoszene, der nebenher einen Schrottplatz betreibt. Licht aus, Spot an,

Mein Nachbar hat seinen Sohn Esteban genannt. Das klingt nach unausgelebten Fantasien der Eltern.

meine Damen, nicht mit Wäsche werfen, hier kommt Esteban Kozikowsky aus Brake Bielefeld. Der Junge wird sein Leben lang seinen Namen buchstabieren müssen, Lebenszeit, die er zum Waleretten oder für Volkshochschulkurse nützen könnte. Sollte er je einer geregelten Arbeit nachgehen, dann wird Esteban Kozikowsky sicher so einer, der »zum Bleistift« statt

»zum Beispiel« sagt und sich mit einem »Ciao Schesku!« abends im Büro verabschiedet und das originell und witzig findet. Die Kollegen lächeln dann immer gequält und hoffen mit ganzer Kraft, dass Esteban auf seinem Liegerad in die Straßenbahnschienen rutscht.

Puh. Jetzt geht es mir besser. Ich bin mir schon bewusst, dass ich »gerade mal wieder total abgehe«, wie es meine Freundin sagt, wenn wir auf das Thema Vornamen kommen. »So wie bei der Hochzeit von Stefan und Mareike.« Ich erinnere mich an diese Hochzeit, die vor drei Monaten stattfand, wie an einen Film in quietschigen Farben, grobkörnig, verwackelte Bilder. Die Feier fand im Sommer in Berlin statt, eingeladen waren lustige Mittdreißiger: die Männer mit Bärten, spitzen Schuhen und großen 70er-Jahre-Sonnenbrillen, die Frauen mit bunten Kleidern aus dem Secondhandshop, junge optimistische Großstadtmütter mit Rockabilly-Tätowierungen. Die Gäste kamen auf Klapprädern zur Hochzeit und hatten Luftballons dabei. Es wurde geraucht, getrunken, getanzt, als gäb's kein Morgen. Es war auf diese resterampige Art schön, wie es im Sommer in Berlin schön ist. Gefeiert wurde auf der Dachterrasse einer WG.

Meine Freundin und ich standen neben Holger und Sabine, einem Paar, mit dem meine Freundin seit Jahren befreundet ist, und sie erzählten, dass sie bald ein Kind bekämen: Sabine hatte schon zwei (DEN Pablo und DEN Ronny), von zwei verschiedenen Männern (DEM Carlos und DEM Steve). Das weckte in Holger, ihrem neuen Freund, den Wunsch,

durch den Kindsnamen »ein bisschen das Territorium abzu-
stecken«, wie er mir im Bad verriet. Wir standen nebenein-
ander vor der mit Eiswürfeln gefüllten Wanne und versuch-
ten, zwei Flaschen koreanisches Bier aus dem schmelzenden
Matsch zu fischen. »Ich will, dass der Name mit »H« anfängt,
so wie meiner, so wie Holger. Ich will, dass was von mir
bleibt, ein kleiner Schritt Richtung Unsterblichkeit.« Den Gedanken hatte ich schon oft von Männern und noch nie von
einer Frau gehört. Auf der Namensliste standen bisher Hadri-
an, Herkules, Hariolf und Hektor, was sich ein bisschen wie
die Besetzung für das Remake von *Gladiator* anhörte. »Wel-
chen findest du am besten?«, fragte mich Holger, als wir zum
Klang von wuseliger Soulmusik zurück auf die Dachterrasse
schlenderten.

»Wie wäre es mit Handreas?« Ich ließ den Witz kurz im
Raum schweben, um gleich nachzulegen: »Oder Hfrank, oder
Hpaul?« Der Gedanke begann mir Spaß zu machen. »Oder es
wird ein Mädchen, und ihr bekommt eine kleine Hsilke oder
H-Olga, klingt fasst wie Holger!« Ja. Was soll ich sagen: Im
großen Buch des Lebens sollte es ein Kapitel geben mit der
Überschrift »Niemals Witze über die noch nicht ausgesuchten
Namen von ungeborenen Kindern von völlig fremden Leuten
machen«. Meine Namensvorschläge kamen in etwa so gut
an, als hätte ich empfohlen, einen Korb mit Hundewelpen in
einem Hochofen zu verfeuern.

Es gibt zu meiner Ehrenrettung eigentlich nix zu sagen.
Außer dass ich hätte ahnen müssen, dass Holger so humorlos

reagiert. Denn die Holgers dieser Welt sind so. Das belegt eine Studie der Universität Chemnitz, für die 150 Testpersonen befragt wurden, was für Charaktereigenschaften sie mit den 60 gebräuchlichsten deutschen Vornamen verbinden. Die Holgers dieser Welt sind demnach: alt, hässlich und schwer von Begriff. Schlimmer haben es nur die Dirks und Heikes, Olafs, Silkes und Kerstins erwischt, die durch die Bank als alt, hässlich und richtig doof gelten. Da das Leben zumindest aus der Vogelperspektive dann doch gerecht ist und sich Großmäuligkeit nie auszahlt, bekam meine Freundin vorgestern Post. Von Holger und Frau. Das Kind ist da. Auf der Karte sieht man ein zugegebenermaßen unfassbar süßes Baby, das Henriette heißt. Drunter steht: »Wir sind überglücklich. Ach ja: und Grüße an Deinen Freund, den Jörg.«

Frauengedächtnis: Die Gestapo unterm Schädeldach

Ich habe im November 2008 folgende Sätze gesagt: »Ich finde, der neue Rock sieht an dir aus, als wärst du ein Background-Girl bei Dschinghis Khan.« Im Sommerurlaub 2009 in Südfrankreich dann dieser Satz, ich zitiere: »Deine Cousine Coralie hat wirklich superlange Beine, die könnte modeln, findest du nicht?«

Ich kann mich an beides nicht mehr erinnern. Wirklich nicht. Ich weiß zwar, dass wir im Urlaub waren. Und ich weiß auch, dass meine Freundin so einen blumigen Ethno-Rock besitzt, für den man bestimmt auf Zigeuner-Beerdigungen den Fashion-Oscar gewinnt. Meine Freundin aber kann sich an alles erinnern, was ich gesagt habe, jeden Satz. Den Wortlaut. Die Zeit. Wie ist das möglich?

Ich habe mir darüber wirklich Gedanken gemacht und eine Theorie, die so einiges erklärt, was zwischen uns schiefläuft: Meine Freundin ist in ihrem Kopf nicht alleine. Folgen Sie mir auf eine Reise in Richtung des Gehirns meiner Freundin, bitte anschnallen. Hinter ihrer Stirn kommt eine Art Blubberzone, in der ein paar Chemikalien dahinfließen, roter Biobuch-Kram, wie man ihn aus Horrorfilmen kennt. Und dann kann man sie bereits hören. Tack. Hören Sie das? Tack-Tacki-Tack-Tack. In einer durchsichtigen Ausbeulung des Gehirns, in einer Art Blase arbeitet sie: die Gestapo-Sekretärin.

Die Gestapo-Sekretärin sitzt im funzeligen Licht einer Energiesparbirne an einer mechanischen Schreibmaschine und tippt alles mit, was ich sage. Sie hat einen blonden Dutt, trägt eine gestärkte weiße Bluse und ist strenger als eine tschechische Eiskunstlauf-Trainerin. Dank ihr hat meine Freundin das perfekte Gedächtnis.

Und so kommt es zu Situationen wie dieser, Samstagabend, halb neun, Vorhang auf: Meine Freundin und ich ziehen uns für eine Geburtstagsparty an, ich höre, wie der Fön

Lügner. Oder Schleimer. Ich sitze in der Falle – aber anscheinend noch nicht tief genug.

im Bad ausgeht und sie mir entgegenkommt, geduscht, geschminkt – in einem schwarz-bunten Blümchenrock. Ich: »Wow, du siehst toll aus.« Pause. Immer noch Pause. Hier läuft gerade etwas schief. Sie: »Du hast gesagt, dass du diesen Rock beknackt findest.« Upps. Beknackt ist erst mal ein etwas übermotorisiertes Wort, vor allem weil ja eben noch die Atmosphäre so beschwingt war wie in einem Parship-Werbespot. Ich: »Beknackt?« Im Kopf meiner Freundin greift die Gestapo-Sekretärin zu Leitz-Ordner Nummer 3857 und liest vor: »Du hast gesagt, ich sehe damit aus wie eine Tussie, die bei Dschinghis Khan singt.« Die Gestapo-Sekretärin hat mich im Schraubstock. Entweder habe ich damals gelogen, als ich den Rock doof fand – oder heute, als ich den Rock gelobt habe. Lügner. Oder Schleimer. Ich sitze in der Falle – aber anscheinend noch nicht tief genug.

Denn ich berausche mich im Nachhinein gern an den irgendwann etwas zu lässig hingeworfenen Sätzen – an die ich mich kurz danach schon nicht mehr genau erinnern kann. Ich weiß, dass jetzt der Moment gekommen wäre, einfach mal den Mund zu halten. Aber es geht nicht, der Teufel reitet mich, und er reitet mich lachend Richtung Hölle. »Echt, das habe ich gesagt, Dschinghis Khan, ist ja lustig.« Pause. Oh, oh. Ganz großer Fehler. Eben noch stand ich regungslos in einem Minenfeld. Und anstatt regungslos zu bleiben, habe ich einen Flick-Flack gemacht. Sie: »Lustig? Wenn du findest, dass der blöd aussieht, dann kannst du das ruhig sagen.« – Ich: »Der Rock sieht bombig aus, und er passt gut zu deinen Haaren.« Ausweichmanöver mit der Chance auf einen Themenwechsel, ich gratuliere mir selbst kurz zu dieser ausgebufften Volte. Sie: »A-ha. Weil ich Haare habe wie Dschinghis Khan, oder was?« Man kann der Gestapo-Sekretärin so einiges vorwerfen. Aber sie ist wirklich auf Zack.

Für die Theorie von der Gestapo-Sekretärin bekam ich von meinen Männer-Freunden übrigens die Art von Schulterklopfer, wie man sie aus Fußballumkleiden kennt. Diese »Jau-so-ist-das-mit-den-Frauen-Schulterklopfer«, die sich erst gut anfühlen, aber die diesen abgestandenen Vatertagsmuff ausdünsten, den man nie in seinem Leben haben wollte. Und von meinen Frauen-Freunden bekam ich eigentlich immer nur den gleichen Satz zu hören: Männer sind eben oft unsensible Vollidioten, die ihr Gehirn zu selten anschalten. Autsch. Am Samstagabend nach der Party haben meine Freundin und ich dann im Internet recherchiert – und eine Studie gefunden. Ein Team vom Biologen der Universität von Arizona hat die Gehirne von Männern und Frauen untersucht und entdeckt, dass Frauen Details von emotionalen Ereignissen tatsächlich detailreicher erinnern als Männer. Kurz: Sie haben schärfere Erinnerungen. Tack-Tacki-Tack-Tack.

Gestern Morgen lagen wir übrigens zusammen im Bett, und meine Freundin blätterte auf dem Bauch liegend ein paar Modezeitschriften durch. Ihr über die Schulter blickend, konnte ich ein Model sehen mit besonders langen Beinen, das ihrer französischen Cousine unheimlich ähnlich war. »Weißt du, wem dieses Model tierisch ähnlich sieht?« Meine Freundin richtete ihren Blick auf mich wie zwei Suchscheinwerfer in einem Knastfilm, ich meinte für einen Augenblick hinter ihrer Stirn eine Sekretärin zu sehen, die Finger schwebten schon über der Tastatur. »Die sieht ein bisschen aus wie du«, sagte ich. »Kein Witz, total wie du.«

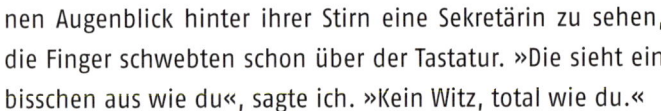

PASTA, YOGA, TODESFÄLLE:

Das Leben im Koffein-Express

Operation Glückskeks:
Hoffnung im Teigmantel

Ich habe einen Glücksanspitzer. Also, eigentlich ist es ein Bleistiftanspitzer – aber einer, der mir Glück bringt. Was ziemlich absurd ist. Denn ich habe gar keine Stifte zum Anspitzen. Er hat mir in der Grundschule sauviel Glück gebracht. Ich bin nie sitzengeblieben, wurde nicht übermäßig oft verhauen oder von den Großen gezwungen, in meinen eigenen Tornister zu pinkeln so wie mein Schulkumpel Uwe Kleinekatthöfer. Aber das steht auf einem anderen Blatt. Ich würde sagen: Glück gehabt. Danke, Anspitzer.

Ich habe auch ein melancholisch abergläubisches Verhältnis zu einem vererbten Rasierpinsel, dem ich zwar keine magischen Fähigkeiten zuspreche, aber ... nein, sorry, ich muss das zurücknehmen: Es sind magische Fähigkeiten. Mit Papas altem Rasierpinsel rasiert, kann nix schiefgehen. Texte schlagen ein wie Granaten, erste Dates flutschen, ich bekomme eine James-Bond-Aura.

Abergläubisch sein ist eine großartige Sache. Das Leben, dieser schaukelige Dschunkenausflug, ist plötzlich sicher, während um einen herum die Misere tobt: Flugzeuge fallen vom Himmel, Tsunamis nehmen die Familie mit, ein Blitz grillt die Geliebte, Öltanker rauschen nebelhorntutend durch die Doppelhaushälfte. Aber da man die richtigen Anspitzer und Rasierpinsel dabeihat, kann nicht viel passieren. Man bekommt einen Platz im Titanic-Rettungsboot. Für den abergläubischen Menschen ist das Leben kein Roulettespiel, sondern ein Partie Poker, und man hat ganz gute Karten. Jemand, der nicht abergläubisch ist, kann das Zittern in den Händen nicht verstehen, wenn man zum Beispiel das Jahreshoroskop liest oder bei Ban Ho steht. Ban Ho? Mein Lieblings-Sushiladen, drei Gehminuten von meinem Büro entfernt.

Ban Hos Besitzer heißt – yeah, right – Ban Ho, hat fettige Haare und, so unfassbar das auch ist: Er hat noch hässlichere Oberhemden an als Nelson Mandela. An seiner Kasse – steht ein großes Glas mit Glückskeksen. Ich bitte ihn immer, meinen für mich auszusuchen. Ban Ho ist die Karin Tietze Ludwig des Asia-Mittagstischs. Ich habe ein aggressives und ambivalentes Verhältnis zum Glückskeks. Heute hatte ich zum Beispiel diesen Spruch drin: »Ob eine Sache gelingt, erfährst Du nicht, wenn Du darüber nachdenkst, sondern erst, wenn Du sie ausprobierst.« Hallo? Was soll das denn bitte? Und wenn ich mir heute Morgen überlegt hätte, ob ich mal Heroin ausprobieren soll oder mich als Messerwerfer-Girl auf so eine drehende Scheibe bei einem Zigeunerzirkus binden lasse? Einfach ausprobieren, der Keks hat gesprochen? Gestern dieser hier: »Nicht jeder Ratschlag hat Hand und Fuß.« Hallo, Glückskeksspruchschreiber, kleine Selbstkritikphase eingelegt, was?

Drei Milliarden Kekse werden übrigens pro Jahr hergestellt, die meisten in den USA, für die Sprüche gibt es eine eigene Datenbank mit 10 000 Sprüchen. Wamm! Das sind ernüchternde Fakten, so sympathisch wie die Information, dass die roten Weihnachtsmannklamotten eine Idee von Coca-Cola sind oder Verliebtsein letztlich nicht mehr ist als ein Chemieunfall im Gehirn. Viel besser ist diese Geschichte, die mein Freund Dirk in der New York Times gelesen hat: Vor einigen Jahren bekamen die Glückskekssprüche etwas Schräglage und einen Hang zum Morbiden. »Misstraue deinem Nächsten«, »Wo Licht ist, ist auch immer sehr viel Schatten«, »Dein Schicksal ist besiegelt!«, Sätze, wie man sie auf der Außenhaut eines klingonischen Raumschiffs erwartet, aber

»Dein Schicksal ist besiegelt!« – ein Satz, den man auf der Außenhaut eines klingonischen Raumschiffs erwartet, aber nicht in einem Glückskeks.

eben nicht in einem Glückskeks. Ein Reporter recherchierte den Stimmungswechsel und stellte fest: Einer der Spruchschreiber hatte Depressionen, seine miese Laune ergoss sich auf die kleinen Zettel und schwappte quasi per Keks in die Welt. Der Glückskeks-Autor wurde allerdings nach einiger Zeit kuriert – doch wie das?

Ich stelle mir vor, wie der breitschultrige, asiatisch aussehende Boss der Glückskeksfabrik den Glückskeks-Texter in dessen Einzimmerwohnung in Brooklyn an einem Mittwochnachmittag besucht. Sie ist dunkel und muffig. Der Boss steigt über die Pizzakartons am Boden, reicht dem blassen Autor eine Packung Johanniskraut (die mit den 600-Milligramm-Pillen) und gibt ihm die erste Tablette gleich zusammen mit einem Glas Sprudel. Dann macht er die Fenster auf, stellt die Joggingschuhe ordentlich vor den Kleiderschrank und klopft dem ziemlich blassen Texter auf die Schulter. Ich stelle mir vor, wie daraus eine Art ungeschickte Umarmung zwischen großen Jungs wird. Und der Boss sagt: »James, wir brauchen dich, Mann, jeder hat mal eine miese Phase, und es ist Zeit, dich aus deiner rauszustrampeln.« Dann trinken die Männer frisch gepressten Möhrensaft, die der breitschultrige Boss mitgebracht hat, und essen scharfe Kokosnuss-Suppe mit Hühnerstreifen. »So, James, wir gehen jetzt im Central Park eine Runde joggen, dann spendiere ich uns eine Runde Sonnenbank, und dann gucken wir uns alte Muppetshow-Folgen an. Und ich komme morgen wieder. Dann gucken wir die Waltons und trinken Ingwer-Brause, und ich koche was in deiner Küche. Bolognese?« Der traurige Glückstexter nickt mit verkniffenem Mund. Dann traben die Männer durch den Central Park. Am Ende des Tages schreibt James drei Sätze in sein Laptop: »Das Leben ist kein Ponyhof. Doch es gibt Freunde, Kekse und die Muppetshow. Es ist beschmiert, aber verdammte Axt, es gibt Hoffnung.«

Bolognese: Pasta Superstar

Es gibt einen heiligen Hunger. Und dieser ist nur durch Spaghetti Bolognese zu stillen. Der Bauch ist an solchen Tagen nicht leer; er ist wund. Man hat keinen Appetit, sondern der Magen ist verzweifelt. Der Blick ist trüb, die Knochen tun weh, im Gehirn regnet es. So müssen sich Hundewelpen fühlen, die man auf Autobahnraststätten an einen Gullideckel angebunden hat. Und die zusehen, wie die ehemaligen Besitzer davonbrausen.

Doch dann passiert es. Man steht in der Küche einer Freundin oder eines Freundes und hört diesen Satz: »Ich mache gerade Bolognese, möchtest du auch?« Wummp! Die Gesichtszüge schmelzen, man will sich aus Dankbarkeit im warmen Olivenöl der Bratpfanne wälzen, während die beste Nudelsauce der Welt Gestalt annimmt, der Superstar, der Seelentröster Number one, bitte Standing Ovations für: die Bolognese, den fleischgewordenen Beweis, dass Essen glücklich macht, Vegetarier die falsche Abzweigung genommen haben und nicht weniger verdienen als unser Mitgefühl.

Die Bolognese ist mehr als eine Sauce: Sie ist der Albtraum aller Angeber-Fernsehköche. Der Horror all jener, die glauben, Gutes müsse kompliziert und ein Leben ohne Manufactum-Hackbrett aus neunfach gelaugtem Akazienholz ein nutzloses sein. Bolognese! Der Schrecken aller Johann Lafers und Sarah Wieners, die lieber vier Stunden Kniescheibengeschnetzeltes vom Koalabären-Männchen in Mandelmilch dünsten, als einfach mal Spaghetti aufzusetzen. Bolognese! Du bist der Feind all jener, die jeden Freitag mit Oberkochmütze Markus Lanz eine stressige Leistungsschau machen, in der es 17 verschiedene Sorten schottischen Hochland-Roquefort und luftgetrocknete Anchovis-Herzen gibt. Aber nie Kartoffelbrei oder Erbsensuppe. Nie »Gemüse mit«, sondern immer »Gemüse an«. In der Wein atmet, statt getrunken zu werden. In der Gemütlichkeit zu Tode flambiert und gelabert wird, bevor es Dinge wie Rosmarin-Süßkartoffel-Eis gibt. Was nicht nur bekloppt klingt, sondern auch genauso klosteinig schmeckt. Und dann soll man all den Mist auch noch loben.

Höre ich mich aufgedreht, genervt und hysterisch an? Ich bin es. Die Bolognese hingegen hat mit all dem nichts zu tun. Neben dem überkandidelten Fernsehgekoche steht sie wie Bud Spencer neben einem Supermodel, das zwar toll aus der Wäsche guckt, mit dem man aber nicht drei Sätze reden kann. Könnte die Bolognese sprechen, würde sie einem ins Ohr raunen: »Lass uns nicht über Kalorien reden, ich mach dich glücklich, Kleiner!« Und auch wenn die Bolognese aus den räudigsten Dosentomaten gekocht ist, die laut Aufdruck auf der eingedellten Büchse bis 2028 halten sollen – schon der erste Bissen feuert einen zurück in die eigene Vergangenheit. An einen Kindergeburtstagstisch, der einem bis zum Kinn reicht, an dem gegessen wird bis zum Umfallen, und zwar nur mit der Gabel. Nicht weil man das in einem total authentischen Studiosus-Reiseseminar in Umbrien gelernt hat. Son-

Spaghetti Bolognese feuern einen zurück in die Vergangenheit, als es noch Spaß gemacht hat, wenn einem Nudeln durchs Gesicht flogen.

dern weil es unglaublich Spaß macht, wenn einem Nudeln durchs Gesicht fliegen. »Wer will noch was? Ich! Ich! Ich!« Das ist der Soundtrack zu einer guten Bolognese. Mampfen, bis man auf dem Rücksitz eines VW Passat von einem Erwachsenen nach Hause gefahren wird, die Zahnspangendose vor der Brust. Rülpsend. Glücklich. Noch mal rülpsend. Immer noch glücklich. Und bereit für die Verdauungsstarre.

Man kann das natürlich bescheuert und retro finden, ein schwiemeliges Lob der Einfachheit. Klar. Doch dann erwischt man sich dabei, wie man nachts auf dem Weg ins Bad Richtung Küche abbiegt, denn da steht der Topf mit den Nudeln und der Sauce. Und man will essen. Bis man den Löffel abgibt.

Espresso ti amo: Der Geist aus der Maschine

Über der Erde lag Dunkelheit. Sie war ein wüster Ort. Und die Nebel lichteten sich erst, als er erschien: klein und unfassbar stark, süß, sein Duft wogte ihm voran. Und die, die verzagt und mutlos waren, richteten ihre Augen auf ihn ...

So muss es gelaufen sein, als der Espresso in die Welt kam, der King of Wach. Ich sag es lieber gleich: Hier schreibt Dein treuester Anhänger, Espresso Darling, Caffè, amore mio. Muss man noch erwähnen, dass Espresso mehr ist als Kaffee in kleinen Tassen? Nein – aber ich tue es trotzdem. Um die Antwort des Schriftstellers Wolf Wondratschek auf diese Frage aufschreiben zu dürfen. Zwar sei in so einer Tasse nur wenig drin, so Wondratschek – und jetzt kommt's –, »aber das Licht im Schliff eines Diamanten ist ja auch keine Leselampe«. Bingo. Ich verneige mich, wie viele Espressi muss man drin haben, um auf so eine smarte Formulierung zu kommen. Hoch die Tassen. Runter damit.

Gegen den Espressotrinker wirkt jemand mit einer Tasse Tee wie ein Dauergast im Reha-Zentrum. Wie einer, der sich die Strickjacke schief zugeknöpft hat und dem immer ein bisschen die Nase läuft. »Ich glaube, der Tee muss noch ein bisschen ziehen« – bevor der Teetrinker diesen Satz vollendet, hat der Espressotrinker schon drei Witze erzählt und dem Tee-Typen dessen Earl-Grey-Beutel ans Ohr gehängt. Kein Wunder, dass Espressobars keine kaminseligen Abhänger-Lounges sind, sondern Durchgangsstationen, in denen man steht, nicht sitzt. Rein, raus, wach. Die beste von ihnen ist übrigens die erste Autobahnraststätte nach dem Brenner auf italienischer Seite: Stilfes in Südtirol. Endlich das Schild »Autogrill«, endlich Italien und »prego« statt »bitte«. Baristas mit blauen Polohemden, welche die metallenen Espressofilter nicht ausklopfen, sondern aushämmern. Hier wird kein Getränk zubereitet, hier wird Energie geschmiedet. Und dann ist er da: süß, herb, man will sich sofort unterhalten, den Carabinieri beitreten oder zumindest eine Arschbombe in den

Der erste Schluck: süß, herb, man will sofort eine Arschbombe in den Gardasee machen.

Gardasee machen. 450 000 Menschen halten in Stilfes jedes Jahr an; nach Rimini kommen nur rund 300 000. Espresso schlägt Adria, welche Teekanne kann das schon von sich behaupten?

Das heißt nicht, dass es unter Espressotrinkern nicht auch unfassbare Deppen gäbe. Die, die sich große, verchromte Maschinen in die Küche stellen, die aussehen, als würde darin eine Kernschmelze stattfinden. Komplizierte-Espressomaschinen-Besitzer haben in neun von zehn Fällen den dazu passenden verchromten Toaster, der so groß wie eine Mikro-welle ist – aber nie funktioniert. Der Kaffee aus den entspre-chenden Angebermaschinen schmeckt in der Regel mies. Schmeckt er gut, wird er einem durch einen Besserwisser-Monolog des Maschinenbesitzers zerredet, in dem immer die Worte »Arabica-Mischung« und »Tassentemperatur« vorkom-men.

Dann lieber gleich den Killer trinken, den bad boy des Es-presso, den Caffè de Caffè, ein Rezept meines italienischen Mitbewohners Paolo Colizzi, der mit diesem Gebräu auch aus dem müdesten WG-Gast einen Lachsack machen konnte. Das Rezept: Espresso in einer kleinen Drehmaschine (La Moka, das sind die, die man auf den Herd stellt) kochen, den frischen Kaffee in eine Tasse füllen, die Maschine sauber machen, neues Pulver rein und in den Wassertank (kein Witz) den eben gekochten Espresso tun. Bamm! Frischer Espresso schießt durch frisches Pulver. Der Geist steigt aus der Maschi-ne. Mundwinkel heben sich, Herzen schlagen schneller. Er ist bitter. Er ist stark. Drei davon töten ein Pferd; einer weckt ei-ne ganze Armee. Die Nebel lichten sich. Ich bin wach.

Zug um Zug: Mein Leben auf der Schiene

Es gab eine Zeit, in der niemand auf die Idee gekommen wäre, mit einem Telefon Fotos zu machen. Das war die Zeit, als Piloten und Stewardessen den gleichen Coolness-Faktor hatten wie Astronauten oder Stuntmen. Flugzeuge waren nicht orange oder himmelblau wie chinesisches Kinderspielzeug, sondern weiß und silbrig wie der Anzug von Captain Future. An Bord gab es echtes Essen und keine Alu-Schalen mit einem heißen Deckel, unter dem meist etwas ziemlich Bedauernswertes liegt, das so aussieht, als sei es unter großen Schmerzen gestorben.

Ja, ich weiß – dafür kann man heute einen Flug von Frankfurt nach Barcelona für so einen beknackt-unfassbaren Preis wie sieben Euro buchen. Toll. Dafür gibt es an Bord nix zu essen. Und die Sitze sind für Menschen, die ihre Wirbelsäule einem guten Zweck gespendet haben, und wenn man die Lehne zurückstellt, bricht man seinem Hintermann das Jochbein. Die Maschine fliegt – weil das eben nur sieben Euro kostet – nie von, sagen wir, Berlin nach New York. Sondern von Krepelsdorf bei Berlin nach Creeplesville bei New York. Nach der Landung dauert die angeberhaft »Shuttleservice« genannte Schulbusfahrt von einem windigen Vorstadtflug-

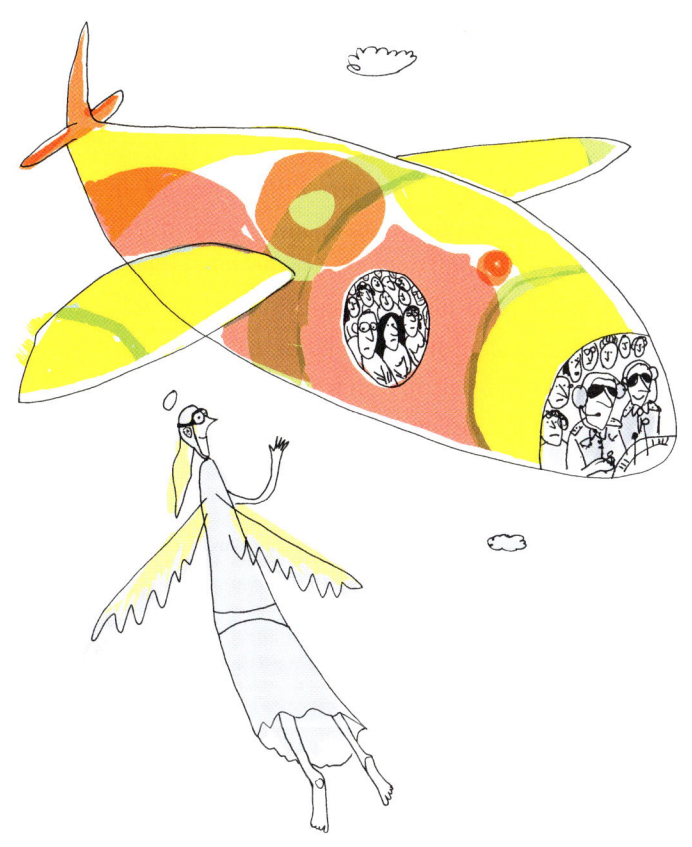

hafen in die Stadt so lang wie der gesamte Flug, und dann merkt man: Man wollte fliegen, weil das mal so was Tolles war wie Geburtstag haben. Jetzt sitzt man in einem Bus und juckelt durch Creeplesville wie Flüchtlinge auf dem Weg in die Abschiebehaft. Seit einer Stunde.

Ist Ihnen mal aufgefallen, dass für Billigflieger nie TV-Werbung läuft, in der Leute im Flugzeug gezeigt werden? Kein Wunder. Man müsste einen verschwitzten Mob zeigen, der sich auf dem Flug Hamburg–Moskau nach sechs Stunden ohne Nahrung um das letzte Paket Salzbrezeln schlägt, weil es außer Snacks nichts an Bord gibt. In der letzten Reihe haben Passagiere angefangen, eine Packung Hustenbonbons zu rationieren, vor dem Cockpit will jemand ein Feuer machen, um Erfrischungstücher zu grillen. Es herrscht die Atmosphäre wie bei einer Arktis-Expedition, bei der gleich das erste Pony geschlachtet wird. Ich stelle mir vor, wie in so einem Spot eine Stewardess mit Uschi-Glas-Gesicht durch die Reihen geht und die Infos auf der Kotztüte als Lektüre empfiehlt. »Die sind wirrrrklich spannend, aber immer zwei Leute eine Tüte, gell?«

Ja, so ist das. Glamour-Faktor null, Coolness-Faktor null. Und auch wenn ich mich damit ins Trend-Aus begebe, ich gestehe es hier: Ich fahre lieber Bahn. Es gibt ein Restaurant, wo echtes Essen serviert wird, das man nicht zwei Tage vorher bestellen muss. Wenn man Glück hat, ist da ein Zugchef, der sein frisch zusammengeleimtes Realschulenglisch an einem austobt und »Sänk ju for trewelling wiss Deutsche Bahn«

sagt. Das kann man doof finden, ich finde es gut. Es kommt genauso wackelig und hölzern daher, wie man sich einen ehemaligen Staatsbetrieb vorstellt. Und auch wenn das jetzt nach Klischee klingt: Man ist nicht nur unterwegs – man reist. Kühe gucken einen durch die Scheibe an. Wenn man mehr als 100 Milliliter Wasser mit an Bord gebracht hat, wird man nicht erschossen, und das Gepäck muss nicht gesprengt werden. Ich finde das beruhigend. Und man kommt an: nicht

Warum es nie TV-Werbung für Billigflieger gibt, in der man Passagiere sieht? Weil man total verschwitzte Leute zeigen müsste.

auf einem Segelflugplatz an den Grenzen von Mittelerde, sondern an einem Bahnhof, der da liegt, wo man hin will, mitten in der Stadt. Wer müde ist, bekommt einen Schlafwagenplatz statt Jetlag. Man kann sich im Tunnel küssen, es gibt eine Notbremse, und wenn man eine richtig alte Gurke von Zug erwischt hat, sogar Fenster, die man aufreißen kann.

Das ist altmodisch, das ist elegant. Moderner ist nicht immer besser, schneller nicht unbedingt klüger. Der Zug fährt jetzt ab.

Silvestersüchtig: Aufwachen neben Mutter Beimer

Wenn ich irgendwann mal über meine Taten Rechenschaft ablegen muss, wird ein Engel eine Liste ausrollen. Er wird mit blassem Finger auf das Wort »Silvester« tippen und fragen: »Musstest du all die Jahre diese bescheuerte Show abziehen?« Ich werde nicht viel zu meiner Verteidigung zu sagen haben. Falls ich einen mutigen Tag habe, werde ich erwidern: »Ich musste. Weil ich Silvester mag. Und das sind übrigens ein paar sehr schöne Flügel, darf ich mal anfassen?«

Ich bin einer von denen, die ab Oktober auf Partyeinladungen warten, aber keine verbindlich zusagen. Die stets hoffen, dass noch was Besseres reinkommt. Und mit dieser Last-Minute-Masche sich selbst und alle Freunde in die Psychose treiben. Das Prinzip Hoffnung knebelt meinen Anstand. Man könnte mir am 12. Dezember anbieten, an Silvester an einer von Veuve Clicquot gesponserten Zeppelin-Tour mit den Rolling Stones zum Mount Everest teilzunehmen. Ich würde antworten: »Sagen Sie Mick Jagger, dass ich darüber nachdenke.« Könnte ja sein, dass Elvis noch anruft.

Silvester ist die kleine, aufregende Schwester von Weihnachten. Nur eine Woche später geboren, und was für ein Un-

terschied! Weihrauch hier, Eau de Toilette da. Familienge-
dröhne hier, die Freunde da. Während Weihnachten die
kratzpullihafte Gemütlichkeit von Mutter Beimer verbreitet,
nimmt Silvester mit einem kokett zugekniffenen Auge noch
einen Schluck aus dem Flachmann. Bräuchte Silvester eine
Schutzpatronin, wäre es Amy Winehouse. Gestatten? Silvester.
Betrunken, genial, hicks, *out of control*. Vorsicht, Rakete. Alle
haben an diesem Tag Geburtstag, man darf Nachbarn umarmen, Kinder belügen (»Geh schon mal schlafen, wir wecken
dich um zwölf zum Feuerwerk«), die Boxen der Stereoanlage
zuschanden reiten. Silvester, du bist die Mutter aller Partys.

Sie merken schon, die Erwartungshaltung liegt irgendwo
in der Stratosphäre. Werde ich wieder nur am Raclette-Grill
landen und beim Bleigießen etwas vor mir haben, das aussieht wie ein Popel aus Metall? Oder endlich einmal wieder im

Hätte Silvester eine Schutzpatronin, wäre es Amy Winehouse. Betrunken, genial und *out of control*.

Stroboskop-Blitzlicht und ohne Schuhe »In the Navy« mitjoh-
len, auch wenn der Song schon seit drei Minuten vorbei ist?

Ich will kein »gemütliches Abendessen«, das eigentlich
nur ein schlecht getarnter dritter Weihnachtsfeiertag plus
Tischfeuerwerk ist. Ich will eine Orgie. Wer mit Amy Winehouse
anbandeln könnte, will nicht neben Mutter Beimer aufwachen. Warum all dieser Stress? Die Antwort ist einfach: Silves-

ter-Junkies wie ich sind tief in ihrer nervösen Seele abergläubisch: Nur eine gute Silvesterparty ist die Versicherungspolice für ein gutes Jahr. Und nur wenn das alte Jahr um Mitternacht in Leuchtkugeln und Böllern verglüht, die bis zum Pluto sichtbar sind und mit deren Gegenwert man Berlin schuldenfrei bekäme, hat das neue Jahr die Chance, ein gutes zu werden.

Gibt es eigentlich eine Bitte, die mich kälter lässt als »Brot statt Böller«? Seit mir übrigens mein italienischer Mitbewohner Paolo gesagt hat, dass auch das Tragen von roter Unterwäsche zu Silvester Glück bringt, würde ich eher ohne Schuhe ausgehen als ohne die richtige Unterhose.

Und in diesem Jahr werde ich selbst eine Party geben. Die Einladungen sind seit Anfang November draußen. Und Sie ahnen es: Keiner hat bisher verbindlich zugesagt. Wenn weniger als 20 Leute kommen, werde ich Lichtanlage und DJ abbestellen und den Raclette-Grill anwerfen. Ich habe auch schon die Utensilien zum Bleigießen besorgt. Komme, was wolle, um zwölf werde ich »In the Navy« singen, die Boxen werden durchknallen, die Nachbarn sich wundern, wer ihrem Hund dieses schöne Halsband aus Chinaböllern gebastelt hat. Und wer will, dem zeige ich meine rote Unterhose. Jetzt mal im Ernst: Wie erklärt man so was einem Engel?

Das Gesetz der Serie: DVDs bis zum Morgengrauen

»Nackt zerhackt« stand auf dem Schutzumschlag der DVD, die sich Louis hinterm Tresen seines DVD-Verleihs ansah. Der Bildschirm war von mir abgewandt, ich konnte die Szenen nicht erkennen, nur ein Flackern auf Louis' schmuddligen Brillengläsern. Au Backe. Niemand will einen Freund, der Sätze sagt wie: »Gestern habe ich mein Fahrrad geflickt und nebenher ein bisschen ›Nackt zerhackt‹ gesehen.« So jemand gehört in eine Selbsthilfegruppe, am besten angeleint.

Doch seit einem Jahr ist alles anders – und Louis mein Ratgeber, Versorger mit Glück in kleinen, silbernen Scheiben, mein Dealer, mein Freund. Louis betreibt den DVD-Verleih um die Ecke und sieht aus wie etwas, mit dem der Hund zu lange gespielt hat. Seit einem Jahr bin ich sein bester Kunde und betrete den Laden wie damals Harald Juhnke einen Weinkeller. Was habe ich eigentlich vor *Lost* gemacht? Vor *The West Wing*, bevor 24-Agent Jack Bauer in mein Leben trat, um es mit Adrenalin und entschärften Atombomben zu fluten? Was war ich ohne *Dr. House*? Und jetzt mal ehrlich: Wer war ich, bevor ich *Friday Night Lights* zum ersten Mal gesehen habe?

Serien auf DVD und normales Fernsehen verhalten sich zueinander wie tödlich starker Espresso zu Kamillentee aus dem Inneren einer Wärmflasche. Eine DVD-Box ist wie ein Kühlschrank, gefüllt mit dem Lieblings-Vanillejoghurt, dem im Glas, dem mit den schwarzen Pünktchen. Bloß dass der Kühlschrank so groß ist wie ein Airbus-Hangar. Statt jeden Tag ein paar Löffel bekommt man alles auf einmal. Es ist grauenhaft; es ist herrlich. Man könnte es Freiheit nennen.

Louis ist mein Dealer. Er betreibt einen DVD-Verleih um die Ecke und sieht aus wie etwas, mit dem der Hund zu lange gespielt hat.

Man könnte. Wenn man nicht zugeben müsste, seit neun Wochen nicht mehr beim Sport gewesen zu sein und die letzte Party um kurz nach zehn verlassen zu haben, um zu Hause »Play all« zu drücken.

Nach einer 45-Minuten-Folge 24 sage ich mir, eine geht noch, dann noch eine, plötzlich ist es 4 Uhr 20. Im Spiegel schaut mich ein Gesicht an, das übermüdet und glücklich grinst. Jetzt schnell Zähne putzen. Und dann noch eine Folge. Jack Bauer braucht keinen Schlaf. Eine ganze Staffel 24 dauert so lange wie elf Spielfilme. Für die erste brauchte ich drei Tage, die zweite habe ich gleich danach ausgeliehen. Louis nennt das »angefixt bis zur Kündigungsgrenze«. Kein Wunder, vor allem die letzten Folgen einer Staffel enden auf einem derartigen Spannungshöhepunkt, dass ich ein Stück Sofalehne abreiße. Und dann zu Louis radle.

Nachdem ich sämtliche Folgen von *The Shield*, *Monk*, *How I met your mother*, *Two and a Half Men* gesehen habe, bin ich, so Louis, in die »Scheißegalphase« eingetreten. Ich spreche lieber von meiner Retro-Phase. Ich gucke alles, was ich kriegen kann, am liebsten Serien aus den Achtzigern: *Dallas*, *Magnum*, *Falcon Crest*. Louis sagte, er könne mir auch alte Folgen von *Ich heirate eine Familie* besorgen. Ich denke ernsthaft darüber nach.

Als ich vor kurzem bei Louis vorbeiging, um die erste Staffel von *Frasier* zurückzubringen, legte er mir eine Meldung der Universität von Pennsylvania hin, die er aus einer Zeitschrift ausgerissen hatte. Ihr zufolge nimmt das Unterbewusstsein die Charaktere, die man in Se-  rien regelmäßig sieht, ab einem bestimmten Punkt – kein Witz – als echte Freunde wahr. Jack Bauer, Carrie Bradshaw oder CSI-Sprengstoffexperte Horatio Caine, mein Freundeskreis wächst jeden Tag, und ich liebe sie alle. Und wenn ich mal wieder quatschen will? Dann gibt es immer noch Louis.

Angeberlebensmittel: Auf dem Käserad des Lebens

Ich bin ein Lebensmittel-Angeber. Ich bringe es nicht übers Herz, an der Kasse nur die Dinge aufs Band zu legen, die ich wirklich mag und esse. Ich will einen guten Eindruck machen. Ich will kochen wie die Maggie-Familie. Ich will Lauchstangen aus der Einkaufstüte gucken lassen, ich will schnibbeln mit Freunden. Pastinaken? Klar doch! Rote Bete, Sojasprossen? Aber hallo! Ich packe mir all die Sachen in den Wagen, die super aussehen, die spitzenmäßig klingen und die nach zwei, drei Stunden in der Küche ein total leckeres Essen ergeben.

Komplizierte Salate, abgewogene Physalis (die Königin der Angeber-Beeren), gefüllte Oliven in der Plastikschale, Büffelmozzarella in der schlauchigen Familiengröße, einen Sack mit Kartoffeln, die so biomäßig dreckverschmiert sind, als wären sie vor zehn Minuten geerntet worden. Mein Motto: Ein Supermarktbesuch, bei dem ich keinen Basilikumtopf, so groß wie ein Ficus benjamina, unterm Arm habe, ist kein Supermarktbesuch.

Meine Begeisterung für die neuen tollen Lebensmittel hält so lange wie der Neujahrsvorsatz, öfter ins Fitnessstudio zu gehen. Nämlich gar nicht. Mir egal. Denn ich stelle mir an der

Supermarktkasse vor, wie die Leute vor und hinter mir in der Schlange neidisch auf meine Einkäufe gucken und den Impuls niederkämpfen, mir auf die Schulter zu klopfen: »Alter, was bist du doch für ein von feiner Lebensart befeuerter Spitzentyp. Du kochst sicher jeden Abend Kartoffelgratin mit Lauch-Physalis-Salat für dich und deine mit Büffelmozzarella und Feigensenf groß gewordenen sieben Kinder, oder?« Abendbrot wie bei den Waltons, alle mit Riesenhunger in der Latzhose, plus Jamie-Oliver-Raffinesse. Im Hintergrund blubbert die selbst gekochte Marmelade. Alles mit links. Alles gelogen.

Denn in Wirklichkeit vergammelt das Zeug in meinem Kühlschrank. Ich bekenne mich schuldig. Zehn Prozent von allem, was in Deutschland an Lebensmitteln gekauft wird, landen im Müll. Und ich bin dabei, den Schnitt nach oben zu treiben. Es gibt ein Fach in meinem Kühlschrank, aus dem ich, glaub ich, noch nie Lebensmittel genommen habe, um sie zu essen – sondern immer nur, um sie wegzuschmeißen. Ich nenne es das Mozzarella-Fach. Einmal die Woche kommt der alte Käse raus und in den Müll (da Mozzarella dank eines kosmischen Gesetzes sowieso immer fünf Tage vor Verfallsdatum verfällt), und ich packe den neuen rein. Der bald ganz der alte ist. Willkommen auf dem sich ewig drehenden Käserad des Lebens! Das Einzige, was wirklich gegessen wird, ist Brot, Käse, Bolognese, Joghurt.

Für Leute wie mich gibt es jetzt ein neues schickes Wort: *grazer*. Das sind Leute, die sich nicht wie die Kochstudio-Familie abends die Schürzen umbinden, um dann lustig zu brutzeln, und dann beim Chili-con-Carne-Essen einfach mal einen total crazy Sombrero aufsetzen und mit dem klebrigen Paar von nebenan Salsa-CDs hören. Nein, der *grazer* futtert den ganzen Tag über, was er in die Finger bekommt – wie eine grasende Kuh. Wie ich. Während Sie diese Zeilen lesen, geht ein halber Bagel gerade den Weg von der Hand in den Mund. Will man dann abends noch Römersalat wässern? Will man nicht.

Und so landen Physalis und Lauchstangen im Müll. Wenn meine Mutter das wüsste. Auch wenn Mama das nicht so gern

Es gibt ein Fach in meinem Kühlschrank, aus dem ich noch nie etwas genommen habe, um es zu essen. Sondern nur, um es wegzuschmeißen.

hört, sie ist Teil der Generation Steckrübe, für deren Jugend folgender Satz galt: Eintopf aus Steckrüben, Marmelade aus Steckrüben, wahrscheinlich das erste Paar Schuhe aus Steckrüben. Und beten, dass der Russe nicht wiederkommt. Essen ist erst vergammelt, wenn es sich bewegt. Wenn man so jemandem sagt, dass man matschige Physalis wegschmeißt, muss man erst erklären, dass Physalis kein Grippemittel ist, und dann aufpassen, dass Mama nicht versucht, dem Müllmann die Tonne aus der Hand zu drehen. Um Steckrüben-Physalis-Marmelade zu kochen.

So, wenn Mama das liest, bin ich im Eimer. Der Ort, wohin gleich der Mozzarella von letzter Woche wandert. Ich muss dringend einkaufen. Beim Gemüse-Türken nebenan gibt es Granatäpfel und Sternfrüchte – die würden sich in meinem Kühlschrank super machen.

Prima plemplem: Die Freuden des Dachschadens

Ich bin ein verzärtelter Hypochonder. Das wollte ich immer schon mal so frei heraus zugeben. Ich hänge mich an jeden Gesundheitstrend, jage ihm hinterher wie jemand, der kurz davor ist, einen Zug zu verpassen. Ich springe auf die letzte Treppenstufe des letzten Waggons auf, ich bin dabei. Denken Sie an irgendein Wellness-Wohlfühl-Schrottprodukt, und Sie können sich sicher sein: Ich besitze es. Ich habe eine Nasendusche im Bad und ein Bandscheibenkissen unterm Hintern, im Büro steht eine Liege für den Mittagsschlaf, seit ich gehört habe, dass der besonders gesund sein soll. Ein mieser Gedanke, und ich knalle mir eine Johanniskrautladung rein. Ich trinke Wellness-Tees mit Namen, mit denen man indische Pornofilmplakate betexten könnte. »Sinnlicher Morgen des Tigers«, »Herbal Dreams of Krishnapoor« – alles da. Das Zeug schmeckt, als habe eine Kuh damit gegurgelt, und trotzdem mache ich immer demonstrativ »Aaah«, wenn ich den Krempel trinke. Das macht die Kaffeetrinker-Kollegen bei uns im Büro ganz mürbe vor schlechtem Gewissen.

Weil alle hingehen, gehe auch ich jetzt zum Yoga und gucke danach immer möglichst ausgeglichen aus der Wäsche, auch wenn mir der Mist wirklich überhaupt keinen Spaß macht. Ich trage eine weiße Bollerhose wie alle anderen und sehe so nach freundlichem Gutmenschen aus, dass ich mich am liebsten selbst umarmen möchte. Wenig Alkohol, wenig Salz, wenig rotes Fleisch, wenig, wenig, wenig. Wenn 2011 der Entsagungs-Oscar vergeben wird, werde ich wahrscheinlich auf die Bühne gerufen. Mein Leben ist ein ziemlich räucherstäbchenhaft parfümierter Spaß-frei-Laden. Damit ist jetzt Schluss.

Während Sie diese Zeilen lesen, trage ich ein sehr schönes Blümchenkleid. Bis vor einer Minute habe ich auf einer Blockflöte »Highway to Hell« gespielt. Und ich habe eine Keksdose

Ich trage ein Blümchenkleid und spiele auf der Blockflöte *Highway to Hell*. Leute, die einen an der Waffel haben, sollen ja glücklicher sein.

auf dem Kopf. Die Dose sitzt leicht schief und riecht behaglich nach Butter, das Kleid ist rosarot. Wie das Papier der vielen Mon Chéri, die ich mir eben reingepfiffen habe.

Sie merken, der Wahnsinn hat seine stählernen Türen geöffnet und sich meines Verstands angenommen. Echt irre, wenn man irre ist. Und unfassbar gesund. Das hat eine in Deutschland beinahe unbemerkte Studie eines schottischen Psychologie-Professors namens David Weeks ergeben. Ihm war aufgefallen, dass es vor allem zwei Gründe gibt, warum viele seiner Patienten krank an Körper und Seele werden. Erstens: Weil sie sich ständig mit anderen vergleichen und dabei mies abschneiden. Zweitens: Weil sie sich dem Zeitgeist anpassen und machen, was alle machen. Besonders gesund hingegen – und hier kommt meine Keksdose ins Spiel – waren die Menschen, die, ich sage das einfach mal so, ordentlich auf die Kacke hauen und einen an der Waffel haben. Körperlich und seelisch gesund, kreativ, optimistisch waren jene, die der schottische Professor als »Exzentriker« bezeichnete. Tausend hat er befragt, darunter einen Typen, der barfuß durch England marschierte und die Leitung seiner Firma seinem Schäferhund überschrieb. Weiterhin einen Gentleman, der, weil es ihm gefällt, täglich in einer Mönchskutte zur Arbeit fährt. Und eine Frau, die mit 7500 Gartenzwergen lebt. Menschen, die man ohne schlechtes Gewissen als plemplem bezeichnen darf. Nicht »Ich-gehe-einmal-im-Jahr-zum-Ballermann-plemplem«. Sondern »Täglich-plemplem«.

Ich höre schon den Einwand: Öfter mal verrückt sein, es ist so ein abgegrabbelter Tipp wie »Öfter mal spontan sein«. A-aaaah: Das kann nur von jemandem kommen, der noch nie eine Keksdose auf dem Kopf und lange nicht mehr seine alte C-Flöte im Mund hatte. Ich spüre gerade, wie der Wunsch, morgen beim Yoga Pupskissen unter die Matten zu packen, Gestalt annimmt. Wenn ich überhaupt hingehe. Ob man sich Mon Chéri durch die Nasendusche reinziehen kann? Das wird gleich ausprobiert. Salute. Auf die Gesundheit.

Alles reduziert: Mein Leben als Preisfuchs

Ich freue mich schon auf den Tag, an dem ich schwanger werde. Ich kann's kaum erwarten, mir kribbelt schon die Bauchdecke. Denn dann werde ich in meinen Kleiderschrank greifen und die noch eingeschweißten T-Shirts mit Stretch-Bauchbeule hervorholen, die ich gerade im Ausverkauf unfassbar günstig erstanden habe. Ich werde die Shirts auf den Tisch klatschen und sagen: »Tja, Leute, ich bin schwanger, und wie ihr seht, habe ich vorgesorgt. Wisst ihr, was diese hochwertigen, pastellfarbenen T-Shirts mit Entenaufdruck gekostet haben? Na, will einer raten? Drei Euro statt neun. Drei! Statt! Neun!«

Ich bin ein Preisjäger, ein Rabattmarkenkleber, ein Feilscher. Wenn etwas runtergesetzt ist, wird es gekauft. Ob ich es brauche oder nicht. Wo ich steh, wird das Kaufhaus zum Basar. Wo ich geh, wird die Innenstadt zum Butterfahrtsdampfer. Gäbe es einen Lexikoneintrag zum Rabatt-Junkie, würde er sich wahrscheinlich so lesen: Rabatt-Junkie (der); markenbewusster Geizkragen mit dem Drang, mit seinem letzten Kauf zu prahlen. In Outlet-Stores nur mit Maulkorb und an der Leine zu führen (siehe auch »Tobsucht«, »Bankrottgefahr«). Ohne den R. wäre Ebay nie entstanden oder hätte ungefähr so viele Kunden wie eine Spanferkelbraterei in Mekka.

In guten Lexika steht unter diesem Eintrag ein Foto von mir. Ich halte meine neuen, schwarzen, halbhohen Jil-Sander-Winterstiefel in die Kamera. Und ich lächle. Ich habe die Schuhe vor drei Wochen reduziert gekauft, noch im Laden den Reißverschluss kaputt gefummelt, um den Preis noch etwas drücken zu können. Ich sehe in ihnen aus wie Onassis, habe allerdings einen etwas schleppenden Gang, da die Stiefel zwei Nummern zu groß sind und ich darin zwei Paar Einlagen tragen muss; bei 59 Euro – das weiß ein echter Schnäppchenjäger – muss man Kompromisse eingehen.

Rabatt-Junkies wie ich sind Pragmatiker, ihr Blick ist in die Zukunft gerichtet, sie kaufen, um auf alles vorbereitet zu sein: Was, wenn ich plötzlich morgen eine Dauerwelle habe? Ja, was dann? Für den Fall nehme ich immer die Einmalduschhaube mit, die in Hotels in dem kleinen Bastkörbchen neben dem Spiegel liegt. Und bevor Sie danach fragen, auch das Nähset und den aufdringlich nach Kokosnuss riechenden Conditioner in den kleinen Plastikfläschchen. Geht es billiger als umsonst?

Ich weiß, wie irre das klingen muss für jemanden, der immer den vollen Preis bezahlt. Der nicht wie ich mit stählernen Ellbogen durch den Schlussverkauf pflügt. Der nicht das Hochgefühl kennt, den einen Autohausbesitzer gegen den anderen auszuspielen, bis man ihm nicht nur einen niedrigeren Preis, sondern auch vier extra Warndreiecke aus den

Rippen geleiert hat. Ich habe mit diesen Charaktereigenschaften im Übrigen meinen Frieden gemacht. Ja, Sie ahnen es, ich habe mal wieder eine Studie ausgegraben, um meine Macken ein bisschen schönzureden. Also: Gegen Rabattsucht kann man sich nicht wehren, das hat der Bonner Hirnforscher Christian Elger herausgefunden. Elger hat untersucht, was passiert, wenn wir ein Rabattschild sehen. Ergebnis: Es setzt einen Teil des Hirns lahm, der auf den hübschen Namen Gyrus cinguli hört und für das Abwägen von Kaufentscheidungen zuständig ist. Sprich, wir schalten durch das Rabattschild

auf Autopilot. Sehen, kaufen, danke schön. Und es kommt noch besser. Rabattkäufe aktivieren laut der Studie das Belohnungssystem im Kopf auf ähnliche Weise wie Kokain.

Ich werde jetzt diesen Text beenden. Denn ich muss wie jede Woche meinen Telefonanbieter wechseln, da hat sich in den letzten Tagen vor allem im Wochenend-Flat-Bereich so einiges getan. Und dann will ich noch Preisvergleichsseiten im Internet überfliegen, um eine möglichst günstige Waschmaschine zu kaufen. Blöd, dass ich damit schon so viel Zeit

Kaum sehen wir ein Rabattschild, schalten wir auf Autopilot: sehen, kaufen, danke schön.

verdödelt habe, sodass ich seit drei Wochen nicht gewaschen und daher nix mehr zum Anziehen habe. Nun ja, es gibt ja noch die Jil-Sander-Boots und diese tollen Schwangerschafts-T-Shirts. Die waren übrigens super preiswert. Hatte ich das erwähnt?

Papa ist tot: Das Wunder der Pilotenbrille

In der Nacht, bevor mein Vater starb, war ich auf einer Party in der WG meiner damaligen Freundin. Ich war bedrückt, müde, zornig und hatte einen Schnupfen. Mein Vater lag schon lange im Sterben. Von den Anrufen, es ginge ihm jetzt mal wieder besser und dann mal wieder schlechter, hatte ich ein paar zu viele bekommen. Zu oft hatte ich im Zug von Hamburg nach Bielefeld gesessen, war zu oft durch das beigefarbene Pflegeheim gegangen, in dem es nach Krankenhaus, Kantine und Zigaretten roch. Es gibt nur eine begrenzte Zahl von Sonntagen, die ein Mensch in Pflegeheimen verbringen kann, und ich hatte meine aufgebraucht. Diesmal wollte ich nicht hin, ich wollte auf eine Party gehen – auf der ich jedes Gespräch vermied, weil ich vermutlich wusste, dass ich gerade die falsche Sache tat. Morgens um fünf klingelte mein Telefon. Ich höre die Stimme meiner Mutter. Und sie redet mit mir, als sei ich ein kleines Kind und sie Mutter Courage. Der Papa ist heute Nacht eingeschlafen, möchtest du vielleicht nach Bielefeld kommen?

Ich habe mich danach immer wieder gefragt, warum auf der Straße so wenige Verrückte herumlaufen. Menschen um die 60, deren Eltern wahrscheinlich auch schon tot sind, die zweimal schon vor einem Sarg stehen mussten, vor einem Loch im Friedhofsboden. Dass so wenig Leute vor Trauer irre durch die Gegend torkeln, ist mir ein Rätsel.

Als ich in Bielefeld ankam, hatten meine Mutter und mein ältester Bruder die Beerdigung schon auf die Schiene gesetzt: den Ablauf der Dinge, die getan werden müssen, wenn jemand tot ist. Wir saßen bei einem dicken Beerdigungsunternehmer, der den gleichen Namen trug wie der Schlachter bei uns im Dorf. Ich hatte den Schlachter und den Totengräber als Kind für die gleiche Person gehalten und mir nicht viel dabei gedacht. Wir hockten in einer rustikalen Wohnecke im Haus des Bestatters, in der man sich fühlte wie in einer Skihütte aus einem Heimatfilm, und redeten über die Auswahl der Blumen.

Und dann stehe ich vor ihm: Mein Vater liegt in einem Hinterzimmer der Friedhofskapelle, mein Bruder hat mich durch die Tür geschoben. Mein Vater ist bleich, er sieht gut aus, seine Krankheit ist weg, nur ein dünner, großer Mann im schwarzen Anzug mit hochgeschlossenem Hemd liegt da, dem der Beerdigungsunternehmer den kurzen, schwarzen Pony in die falsche Richtung gekämmt hat. Drei Stunden später habe ich eine Schippe in der Hand, die mir glaube ich mein anderer Bruder in die Hand gegeben hat. Der verschlossene Sarg meines Vaters liegt in einer Grube, und ich werfe Sand auf den Deckel. Ich habe mich dabei sehr schlecht gefühlt, als ob ich ihn damit umbringe, seine Rückkehr unmöglich mache. Und dann passierte das Wunder der Pilotenbrille.

»York, hast du die Typen gesehen?« Die Stimme zu diesem Satz gehörte meinem Abiturfreund Frank, den wir hinter seinem Rücken »beautiful Frank« nennen und der vor einem Jahr sinnvollerweise die Frau geheiratet hat, die wir seit Abizeiten »beautiful Betty« rufen. Sie haben übrigens ein paar sehr hübsche Kinder bekommen, als ob das jemanden wundert, aber ich schweife ab. Also. Die Typen. Vier dicke Männer, die Sargträger meines Vaters. Sie trugen dunkelgrüne Uniformen, wie man sie vermutlich in der Colonia Dignidad anhat, oder sonst einem Ort, an dem alte Nazis leben, die sich als Förster verkleiden, um nicht vom Mossad erwischt zu werden. Sie trugen zu ihren dunkelgrünen Fantasieuniformen weiße

So wie ich es sehe, gibt es keine echte Alternative zum Weitermachen, zur Suche nach dem Komischen in der Kraterlandschaft.

Schuhe und verspiegelte, tropfenförmige Pilotenbrillen, auf den Köpfen Polizistenmützen. Beautiful Frank und ich starrten die Träger an. Der Tod feierte im Outfit dieser Männer einen kurzen, heftigen Karneval.

Ich musste lachen, nicht laut, nicht aus-der-Rolle-Fall-lachen, sondern einfach ein bisschen lachen. Es hatte an dem Morgen geregnet, dann kam Sonne über die Spitzen der Kiefern, der Friedhof dampfte. Und ich muss jetzt wieder lachen. Meine Mutter sagt, das läge daran, weil man nach langem Weinen den Speicher für Traurigkeit geleert hat und dann die Stimmung ins Komische kippt. Noch im gleichen Jahr war ich auf der Beerdigung eines Onkels einer Freundin, den der Pastor in seiner Rede »Günther« nannte, obwohl der Tote eigentlich »Dieter« hieß. Wenn ich der Tote gewesen wäre, hätte mich das sehr genervt: »Heute verabschieden wir uns vom allseits geschätzten York. Neee, sorry, Thorsten, oder neee, Ingo hieß er, oder?« So wie ich es sehe, gibt es zum Lachen keine echte Alternative, zum Weitermachen, zur Suche nach dem Komischen in der Kraterlandschaft. Papa kommt nicht wieder, das ist traurig. Seine Sargträger sahen aus wie die Roncalli-Gestapo, das ist lustig. Hinter dem Friedhof liegt unsere Dorfstraße. Sie führt in einem weiten Bogen zum Bahnübergang und einem Bushäuschen, zu Feldern, Wiesen, Wäldern. Es hört niemals wirklich auf.

Erster! Erster! Urlaub in der Vorsaison

Ich verwandle mich. Von einem gefallsüchtigen Yuppie, der keine Gelegenheit auslässt, sich bei Kellnern und Taxifahrern einzuschleimen, in das fleischgewordene Grauen, sobald ich einen Urlaubsflieger besteige. Ich will nicht Teil einer Horde sein, ich will der erste Deutsche sein, der das Landesinnere von Ibiza entdeckt, number one in Neapel, Erster in España. Sie sehen ja irgendwo auf dem Umschlag dieses Buches mein Foto. Wenn ich an Bord der Maschine bin, mit der auch Sie gerade in den Urlaub fliegen wollen, bitte wieder aussteigen, es ist zu Ihrem eigenen Besten. Danke.

So. Warum dieser elendig lange Vorlauf? Weil ich seit Neuestem meinen Frieden mit dem Reisen gemacht habe. Denn ich bin Vorsaison-Tourist, einer von denen, die die Masse und die Urlaubsflieger meiden. Die zur denkbar ungünstigen Zeit an denkbar ungünstige Orte reisen. Januar in Venedig, Februar in Sharm El-Sheikh, März in der Normandie.

Der Vorsaison-Tourist ist ein Streber. Er will als Erster da sein, als Erster im neuen Bürojahr von den Kollegen wegen seines Teints beneidet werden — auch wenn er zu 60 Prozent aus Selbstbräuner besteht. Und er will Sätze sagen wie diesen: »Oh. My. God. Im Januar ist Ägypten ja so-ho leer.«

Kunstpause, die Stimme zwei Oktaven runter: »Und so-ho billig.«

Als Kind ist der Vorsaison-Tourist immer eine halbe Stunde vor Unterrichtsbeginn vor dem Klassenzimmer herumgestrichen und hatte bereits die Hausaufgaben für übernächste Woche gemacht. Im Urlaub ist er ebenfalls früh dran und wundert sich, dass die Espressomaschine in der Hotelbar noch nicht funktioniert, die Kameltrips zur Oase erst ab Mai zu buchen sind und alle Kellner ihn anschauen wie den ersten Gast, der auf einer Party auftaucht. Froh, dass man da ist, aber mit diesem mitleidigen Blick, der sagt: »Na, Alter, du hattest wohl auch nix Besseres zu tun, als uns die ruhigen Wochen zu versauen?« Dann zieht der Kellner ab, um eingehüllt von einer süßlichen Marihuana-Wolke um den Pool herum zu fegen und noch mal zu fegen und noch mal zu fegen. Muss ja gemacht werden, bevor die echten Touristen kommen.

Ich setze mich über so was hinweg. Das ist die Haupteigenschaft des Vorsaison-Touristen. Er ist tapfer wie die wettergegerbten Rentner mit den Volkssturmgesichtern, die jetzt mit mir die Reise in den Süden antreten. Man ist Teil der Vorhut und muss sich daher am Riemen reißen, die Tristesse der leeren Hotelflure ignorieren, die Tatsache, dass man abends alle Klamotten anzieht, die man dabeihat, übereinander, denn es ist saukalt, obwohl Vorsaison-Touristen lieber von »frisch« oder »schattig« sprechen. Aber auch wenn es im Golf von Aqaba nur 18 Grad frisch und das Wasser so schattig wie

die Nordsee im April ist, wird trotzdem gebadet. Das Lieb-
lingskleidungsstück des Vorsaison-Touristen ist und bleibt die
Gänsehaut.

Im letzten Ägypten-Urlaub schwamm außer mir im Pool
nur ein Schwimmreifen mit aufblasbarer Palme, der die Luft
ausgegangen war. Ich hatte im Restaurant so viel Platz, dass
dort ein Hubschrauber hätte landen können. Man hat Zeit,
um 78 Partien Backgammon gegen den Barkeeper zu spielen,

und geht in Ausstellungen, die traditionellen Brautschmuck aus dem Sinai zeigen.

Während Sie das hier lesen, sitze ich in einem Hotel am Golf von Aqaba. Es ist Februar, und hier ist ein Wetter wie in der Grippemittel-Werbung, der Selbstbräuner hat mir einen

Das Lieblings-Kleidungsstück des Vorsaison-Touristen ist und bleibt die Gänsehaut.

Teint verpasst, der mich wie einen gescheckten Sohn von Barack Obama aussehen lässt. Und so bekloppt es sich anhört, es ist super. Ich habe acht Bücher gelesen, die Zeit ist dickflüssig, zwei Wochen fühlen sich an wie sechs. Und da es außer Kaffeetrinken und Backgammon nichts zu tun gibt, werde ich heute Nachmittag vielleicht helfen, am Pool ein bisschen zu fegen. Muss ja gemacht werden. Bevor die Urlauber kommen. Die richtigen.

Na sauber: Geliebte Putzfrau

Als Erstes ist da dieser Duft. Ein Beißen. Ein Flirren. Eine durchsichtige Wand schwebt in der Luft, deren Geruch so stark ist, dass man kurz blinzeln muss. Eine Woge aus … Chlor. Ich liebe diesen Moment. Den Augenblick, wenn ich donnerstagabends von der Arbeit komme. Neun Stunden vorher habe ich eine Wohnung verlassen, die aussah, als hätte die Belegschaft eines russischen Wodkakombinats einen draufgemacht, und jetzt das: Chlor, die Mutter aller Reinigungsmittel. Mein Bad ist nicht nur sauber, es ist steril. So keimfrei, dass man in der Dusche eine Herztransplantation durchführen und im WC seine Kontaktlinsen reinigen könnte. Malwina war hier, meine in Polen geborene Putzfrau. Seit zwei Jahren sind sie und ich aneinandergekettet. Sie hat mich im Griff wie ein Ringer, im Schwitzkasten der Abhängigkeit. Doch dazu später.

Malwina putzt mit Chemikalien, die wahrscheinlich seit den Sechzigerjahren illegal sind, Flüssigkeiten, die man nur per Internet aus Restbeständen der Nationalen Volksarmee kaufen kann – und die dazu taugen würden, Tätowierungen binnen weniger Sekunden aus der Haut zu beizen oder Autobahnasphalt zum Schmelzen zu bringen.

Dank Malwina riecht meine Wohnung jeden Donnerstag wie ein Schwimmbad. Mein Ofen sieht wieder fabrikneu aus. Das Wort »Staub« darf nicht mal mehr geflüstert werden.

Malwina und ich haben uns seit vielen Monaten nicht mehr gesehen. Wir kommunizieren über hellblaue Karteikarten, die sie mir auf den Nachttisch legt. Nachrichten, in denen sie mich immer mit einer asiatisch klingenden Verkürzung meines Nachnamens anredet. »Lieber Pian, kauf Mülltüten, die sind alle!«, steht da zum Beispiel drauf. Oder: »Hallo Pian, Pullover habe ich auch gewaschen.« An diesen

Malwina putzt mit Chemikalien, die wahrscheinlich illegal sind und aus Restbeständen der Nationalen Volksarmee stammen.

Tag erinnere ich mich genau, denn seitdem passen meine Lambswool-Pullis meinem fünfjährigen Patenkind. Oder: »Pian! Dein Besen ist schlecht. Und kauf neuen Staubsauger. Der alte ist alt.« Der alte ist alt – was kann man gegen so einen Satz einwenden?

Eine gute Putzfrau, das ist ein Katapult ins Glück. Malwinas Nummer gebe ich nur engsten Freunden. Eine gute Putzfrau zu haben, das bedeutet die Rückeroberung des Samstagnachmittags – keine Stunden mehr im Bad auf den Knien, shoppen statt schrubben, in der Badewanne liegen statt bohnern.

Ich weiß, für solche Sätze komme ich in die speziell hoch-
temperierte Yuppie-Hölle. Aber die Wahrheit ist es trotzdem.
Womit wir beim Kern des Problems angekommen sind – dem
schlechten Gewissen von Leuten, die eine Putzfrau beschäfti-
gen. Tief im Inneren weiß jeder, der das tut, dass er so nie
werden wollte. Ein Putzfrauen-Beschäftiger. Ein Fremde-

Leute-hinter-sich-her-wienern-Lasser. Man hat immer gedacht, dass nur Baumwollplantagenbetreiber in Südstaatendramen eine Putzfrau haben oder vielleicht noch Gutsbesitzer aus der Uckermark.

Man gehört jetzt offiziell zu den Bösen, und dagegen hilft nur eins: einschleimen bei der Putzfrau. Bei mir bedeutet das: Ich wische das Bad einmal oberflächlich, bevor Malwina kommt, die Fenster macht ein Mann, den ich nebenher beschäftige.

Schlimmer, als eine Putzfrau zu haben, ist übrigens nur, seiner Putzfrau zu kündigen. Es ist einfach unmöglich. Malwina und ich. Nur der Tod kann uns scheiden, wir gehören für immer zusammen, in guten wie in schlechten Zeiten. Da sieht man über die Holprigkeiten unserer Beziehung gern mal hinweg. Als ich das erste Mal in das von Malwina gewienerte Apartment kam, waren meine Nudelpackungen nach Größe sortiert und nach Herstellern getrennt. Warum war ich da nie selbst draufgekommen? Die gerahmten Fotos auf der Kommode waren nach Alter der abgebildeten Personen geordnet, seitdem steht mein Patenkind ganz links, toter Opa ganz rechts. Dank Malwina haben meine Baggy-Hosen immer eine Konfirmanden-Bügelfalte, und auf eine zerrissene Jeans hat sie mir tatsächlich ungefragt einen Flicken genäht. Auf der Karteikarte, die sie danebengelegt hat, stand: »Pian, Ihre Hose ist wieder gut. Bis nächste Woche.«

So, ich muss jetzt das Bad wischen. Morgen kommt meine Putzfrau.

Für Tommy und Annika: Der Verein der Feiglinge

Ich werde einen Fanclub gründen. Genau das werde ich tun. Das ist die einzig richtige Aktion in diesem Jahr, in dem sie 103 Jahre alt geworden wäre: Astrid Lindgren. Die Pippi-Langstrumpf-Erfinderin, Schwedens Mutter Courage und Superstar, nach der nicht nur zwei Forschungssatelliten (Astrid 1 und Astrid 2), sondern auch ein von den Sowjets entdeckter Asteroid benannt wurde. 90 deutsche Schulen führen ihren Namen im Titel, 70 Bücher hat sie geschrieben, 145 Millionen Mal wurden sie verkauft, in 86 Sprachen übersetzt, sie hat alle Preise gewonnen, von denen man je gehört hat – und alle anderen auch. Man wird ganz bekloppt, so gut ist die Frau. Zwei mal drei macht vier, hoch die Tassen, halten Sie sich fest und schauen Sie genau hin: Hier kommt der Tommy-und-Annika-Fanclub.

Höre ich da enttäuschtes Ausatmen und vereinzelte Pfiffe? Sehe ich da ein müdes Abwinken? Sie müssen ja nicht dazukommen. Sie wären lieber bei den Pippi-Langstrumpf-Fans eingestiegen als bei den Tommys und Annikas, was? Tja, da ist aber leider kein Platz mehr. Der Andrang war einfach zu groß: fette Villa, einen eigenen Affen, der Kinderheim-Beauftragten Prüsseliese entkommen, Polizisten auf Bäume schmeißen, nicht zur Schule gehen und statt Lohnüberweisung alle halbe Jahre eine Goldkiste vom antiautoritären Inselbesitzer-Vadder. Das Leben als Brausebonbon des freien Willens. Superstark, supercool und extrem einfach zu pflegende Zopffrisur. Wie gesagt: So wie Pippi wollen alle sein. Bloß: Der Laden ist überbucht. Da bleibt Ihnen wohl nur unser Tommy-und-Annika-Club.

Aber kommen Sie schnell, denn ich rechne mit gewaltigem Andrang. Denn die Welt ist voll Tommys wie mir und Annikas wie Ihnen. Die Ohren gewaschen, die Hemden gebügelt, Regel-Befolger der ersten Kajüte, die sich an einem ganz wilden Tag trauen, am Altglascontainer grüne Flaschen in die Öffnung für die weißen zu pfeffern. Okay, vielleicht sind Sie ja nicht so ein spießiger Jemand, vielleicht können Sie ja Pferde hochstemmen – ich hebe mir nur jedes Mal einen Bruch dabei.

Tommy und Annika: Für mich war das Geschwisterpaar mit den Kinderschokolade-Gesichtern immer das wahre Vorbild. Die beiden schaffen es zwar nicht von null auf hundert – und wer schafft das schon –, aber immerhin von null auf fünfundsiebzig. Während Pippi die Preise in Sachen Mut, Tatendrang und Unangepasstheit ins Unendliche schraubte, waren der blonde Junge und das brünette Mädchen ein Beispiel in Sachen Machbarkeit und Hintern-hoch-Bekommen, heulende Helden mit Heimweh und Angst vor Piraten im Nacken, die es aber am Ende trotzdem schaffen – weil sie über ihren Schatten springen. Hiermit blase ich zur Ehrenrettung aller

mutigen Memmen. Feiglinge vor. Als Angepasster alles hinzu-
schmeißen und Tickets nach Takka-Tukka-Land zu buchen, ist
schließlich sehr viel schwerer, als wenn man von Haus aus
auf Drahtseilen balancieren und auf Fahrrädern durch die
Luft radeln kann.

Ohne gutes Mittelfeld keine Stürmer, ohne Tommys und
Annikas keine Pippis. Und die Autorin selber, die Erfinderin
der beiden? War keine Superheldin, sondern eine Annika: die
aber all ihren Mut zusammennehmen musste, denn ihr Leben war kein Bullerbü. Als erstes Mädchen im Ort Vimmerby
schnitt Astrid Lindgren sich die Haare kurz, mit 18 bekam sie

Die Welt ist voll Tommys wie mir und Annikas wie Ihnen. Die Ohren gewaschen, die Hemden gebügelt.

ein Kind vom Chefredakteur der Zeitung, bei der sie arbeite-
te – und heiratete ihn nicht, was damals ein Skandal war. Im
liberalen Kopenhagen kam ihr Sohn zur Welt, drei Jahre
wuchs er bei Pflegeeltern auf, bis sie genug Geld hatte, ihn zu
versorgen. 1941 saß sie am Bett ihrer siebenjährigen Tochter,
die im Fieber einer Lungenentzündung um eine Einschlafge-
schichte bat: »Erzähl mir was von Pippi Langstrumpf!«

Der erste Pippi-Roman wurde, so erinnert sich Lindgren,
»voller Entsetzen« abgelehnt, und auch als er gedruckt wurde, bescheinigte ihr der Kritiker der Zeitung »Svenska Dag-

bladet«, sie habe die »Fantasien einer Geisteskranken« auf-
geschrieben. Doch da war ihre Karriere schon nicht mehr auf-
zuhalten.

Sie riss nicht Bäume aus, wie eine Pippilotta es gekonnt
hätte. Sondern tat, was die Annikas dieser Welt können,
wenn sie allen Mut zusammennehmen. Sie stieg auf Bäume
hinauf: An ihrem achtzigsten Geburtstag, um die Wette mit
ihrer Freundin Elsa Olenius. Den erstaunten Journalisten gegenüber sagte sie: »Schließlich gibt es kein Verbot für alte
Weiber, auf Bäume zu klettern – oder?« Sie machte, was sie
wollte. Und ihre Welt, widi-widi-wie sie ihr gefällt.

Bauch rein, Poren auf: Jungs in der Sauna

Ich würde mir eher das Gesicht mit Edding anmalen, als FKK-Urlaub zu machen. Ich schaue mir zwar gern hübsche nackte Menschen an. Aber nicht, wenn sie unbekleidet auf dem Campingplatz die Heringe ihres Zeltes einhämmern. Oder pfeifend Nudelwasser ausgießen. Oder zu ihrer Nacktheit nur eine Baseballkappe tragen, eine Käsestulle essen und mit vollem Mund Sätze sagen wie: »Könnten Sie mir mal Ihre Luftpumpe leihen?« Ich leg noch einen drauf: Ich würde lieber ein Jahr lang als singende Gurke durch ostwestfälische Altenheime tingeln, als FKK-Urlaub zu machen.

So, das war schön drastisch. Und trotzdem. Trotzdem gehe ich regelmäßig nackt unter Leute: in die Sauna, immer mittwochs, im Yuppie-Fitnessstudio, wo ich seit einem halben Jahr Mitglied bin. Bereits der Ausweis im Portemonnaie fühlt sich sportlich an und ich lasse ihn an der Supermarktkasse gern aufblitzen, ich habe ihn nämlich in das kleine Sichtfenster meines Portemonnaies geklemmt.

In meinem Fitnessstudio trifft man all diejenigen in der Sauna, die zu faul sind, Gewichte zu heben oder Kurse zu machen, in denen das Wort »Power« vorkommt. Die Sauna ist das Null-Bock-Areal des Clubs. Die gut geheizte Resterampe.

Man muss sich nicht motivieren und kann am nächsten Morgen im Büro behaupten, man sei beim Sport gewesen. Genau mein Ding.

All das klingt, als ob der Leistungsdruck des Alltags für ein paar Stunden Pause hätte. Das Gegenteil ist der Fall. Auch wenn wir dieses Gefühl verstecken: Männern ist es peinlich, in der Sauna nackt durch die Gegend zu laufen, sobald Frauen in der Nähe sind. Warum? Weil wir immer finden, dass wir gerade etwas dünner und gleichzeitig breitschultriger sein könnten. Weil wir eine Mängelliste mit uns rumtragen, die

Ob wir uns schweißglänzende Frauen, mit nichts als einem Handtuch bekleidet, ansehen? *Hell, yes!*

wir auch im Schlaf aufsagen können – komische Füße, launisches Brusthaar, doofes Duffy-Duck-Tattoo auf der Schulter –, und weil wir uns taxiert fühlen. Und weil uns jedes Jahr mehr vom Body eines 50 Cent entfernt und näher an den eines Wim Thoelke bringt. Ein Problem, gegen das Männer die Saunabauchatmung erfunden haben: den Bauch gleichzeitig anspannen, einziehen, die Brust nach vorn strecken und flach weiteratmen. Der Bauch schrumpelt zu etwas zusammen, was an ein zerbeultes Waschbrett erinnert. Zumindest, wenn man an sich runterguckt. Für alle anderen sieht es einfach so aus, als würde man den Bauch tierisch einziehen.

Einer meiner beiden großen Brüder hat mich kürzlich dafür gelobt, dass ich es schaffen würde, bereits in der Umkleide mit der Saunabauchatmung zu beginnen und sie bis zum Verlassen des Fitnessstudios durchzuhalten. Ich bin ein bisschen stolz auf dieses Lob.

Stellt sich die Frage: Was ist mit den Frauen? Schauen sich Männer wirklich alle Frauen in der Sauna an? Die Antwort: Nein, nein, wir konzentrieren uns ganz aufs Schwitzen, üben Kopfrechnen oder betrachten den einen unserer kleinen Zehen, der so ein bisschen wie E. T. aussieht.

Hallo-ho!? Ob wir uns schweißglänzende Frauen, denen

verklebte Haarsträhnen ins Gesicht hängen, die mit uns in einem auf 80 Grad erhitzten, dämmrigen Raum sitzen und nix anhaben außer einem Frotteehandtuch und einer leichten Röte im Gesicht, ob wir uns die genau ansehen? Hell, yes! Mann, ich bin vom einfachen Strickmuster der Männerseele selbst etwas peinlich angefasst. Ich bin mir übrigens sicher, dass Ihr Mann oder Freund da die einzige Ausnahme darstellt. Genau. Und der Papst ist Moslem.

Die Saunasaison geht zu Ende. Und ich weiß auch schon, was ich stattdessen mache. Auf Eurosport zeigen sie nachts manchmal die Berichte von den Saunaweltmeisterschaften, die jedes Jahr in Finnland stattfinden und bei denen es darum geht, wer es am längsten in der Hitze aushält. Die schaue ich mir an, wenn ich nicht schlafen kann. Gewonnen hat 2009 übrigens eine etwas schrumpelig aussehende Russin namens Tatjana Archipenko. Sie trug einen hellblauen Badeanzug mit bunten Blumen und streckte auf der Siegesfeier einen kleinen Bauch in die Kameras. Keine Bauchatmung, dafür ein Lächeln auf den Lippen. Ich glaube, das werde ich auch mal probieren.

Wenn Männer tanzen, *oder:* Der gebadete Leopard

Es gibt diesen ganz bestimmten Typ Mann: Er kommt auf die Tanzfläche und bewegt sich wie ein in Massageöl gebadeter Leopard. Er ist geschmeidig. Er ist kreativ. Aber nicht auf diese egomane Dachschaden-Art. Er reiht sich nicht in die Polonaise ein. Er ist die Polonaise. Die Luft um ihn herum flirrt, die Lichtpunkte der Discokugel rasen über seinen Körper. Er kennt jeden Song und hat eine Bassbox in der Hüfte. Eben war er noch an der einen Seite der Tanzfläche – jetzt tanzt er schon an der anderen. Er ist überall. Er schwitzt nicht, nichts macht ihm Mühe. Drei Schritte Moonwalk, einen Limbo unter einer unsichtbaren Schnur hindurch. Die Schwerkraft hat keine Macht über diesen Körper, der ein einziges Versprechen ist, Ladys. Und er sieht bei alledem wirklich unfass-bar gut aus. Die Rede ist: von mir.

Ähem. So, jetzt wissen Sie es. Ich hatte eigentlich geplant, zu heucheln und tiefzustapeln, dass ich nur ein mittelmäßiger Tänzer bin. Einer der mit den anderen Flachpfeifen an der Bar herumsteht, um dann kurz am Rand der Tanzfläche ein bisschen vom linken auf den rechten Fuß zu hüpfen: bis ihm das Kassengestell von der verschwitzten Nase rutscht und er über seine Gesundheitsschuhe fällt. Aber das wäre einfach gelogen. Angst vor Blamage auf der Tanzfläche, Panik hölzern und unsexy zu wirken? Ein Gefühl, das ungefähr 99,9 Prozent aller Männer kennen. Mir unbekannt. Ich bin der in Massage-öl gebadete Leopard. Yes, M'am!

Ich hatte bis dato dafür selber keine Erklärung. Denn ich habe ansonsten in Sachen Koordination nicht viel zu bieten.

Die Schwerkraft hat keine Macht über diesen Körper. Er sieht bei alldem wirklich unfassbar gut aus. Die Rede ist: von mir.

Ein kurzer Überblick: Ich spiele Fußball wie eine betrunkene Schlaganfallgruppe, die in Treibsand geraten ist. Meine Musikalität beschränkt sich auf ein halbes Jahr als Bongo-Spieler im Schulorchester von Bielefeld-Senne. Mein Fazit dieser Zeit: In mir steckt kein Harry Bellafonte, dafür eine Mischung aus Rammstein und Rzwo-Dzwo. Ich kann auf einem Klavier den Anfang des Lenor-Waschmittel-Songs klimpern, aber es klingt nie nach Werbe-Jingle, sondern immer nach Panzerparade. Wenn ich versuche zu jonglieren, gehen Sachen kaputt, ich habe mir schon einmal beim Squash selber ein blaues Auge geschlagen, kein Witz. Aber wenn ich tanze, bin ich der in Massageöl gebadete ... und so weiter und so weiter, bla, bla, ich habe es schon erwähnt.

Okay. Sie fragen sich jetzt, wo dieses hochtoupierte Selbstbewusstsein herkommt? Kann ich Ihnen sagen. Aus England. Genauer: aus der Universität von Hertfordshire, denn dort unterrichtet der Psychologe Peter Lovatt. Auch bekannt unter dem Namen: Dr. Dance.

Lovatt wollte wissen, warum manche Gentlemen auf der Tanzfläche das Haus rocken und andere zur Schande ihres Geschlechts werden. Er ließ deshalb Männer vor einer Kamera tanzen, pixelte ihre Gesichter und zeigte die Bilder dann jungen Frauen. Das Ergebnis: Am besten tanzen Männer, die große aber kreative Bewegungen machen. Gähn, aha, wow, wie spannend. Dann fand er aber raus, dass ebendiese Männer – jetzt kommt's – Ringfinger haben, die länger sind als ihre Zeigefinger. Und das bedeutet, dass der Tänzer viel Testosteron im Blut hat. Die Information, dass meine Ringfinger ziemlich lange Dinger sind, lasse ich jetzt am Ende dieses Absatzes lässig und mit einem Lächeln fallen.

So. Hoher Testosteronspiegel also: Das bedeutet unter anderem Haarausfall, eine Tendenz zu Stimmungsschwankungen, zu Aggressivität und Selbstüberschätzung, klingt doch super. Selbstüberschätzung? Meinen letzten großen Auftritt auf dem Dancefloor hatte ich übrigens auf dem 40. Geburtstag meines ältesten Bruders, vor gut zwei Wochen. Ich tanzte in seinem Wohnzimmer mit dem Wissen der Studie im Hinterkopf, praktisch bevor die Musik richtig an war. Ich tanzte mit meiner Freundin, meinen Cousinen, meinen Brüdern, mit Onkel Siegfried gegen seinen Willen und sehr intensiv mit meinem Spiegelbild, das ich unscharf in der Balkontür erkennen konnte. Als ich mich neben meiner Mutter nach zwei Stunden aufs Sofa plumpsen ließ, tätschelte sie mir den verschwitzten Hinterkopf und sagte einen dieser Sätze, die nur Mütter aus Ostwestfalen-Lippe so hart und ironiefrei sagen können: »Junge, du machst dich wirklich zum Deppen beim Tanzen.« Sie nippte an ihrem Sherry-Glas. »Aber das macht ja nix: Hauptsache, man hat Spaß, oder?«

Epilog:
»Keine Angst«

Die wichtigste Frau im Leben eines Mannes ist: oft die Mama. York Pijahns Mutter über goldene Ballerinas, die Liebe und Esprit per Knopfdruck

Mama, du kommst in dieser Kolumne öfter vor. Heute ein Interview mit dir, Helga Pijahn, 72, Bielefeld, über die Liebe.
... schreib noch: Rentnerin, verwitwet, der Vollständigkeit halber.

Habe ich notiert. Diese Kolumne handelt von den kleinen Dingen, die in ihrer Gesamtheit das Leben gut werden lassen, was macht dich glücklich?
Ich fahre gerne Auto wie eine gesengte Sau, ich radle gern durch die Felder hier in der Umgebung, ich bin froh, drei liebe Söhne zu haben. Und ich habe Vertrauen in die Familie, auch wenn ich Witwe bin.

Lohnt es sich, jeden Monat über die Liebe zu schreiben?
Ja, denn die Liebe ist wichtig. Weil die Liebe entscheidend ist

für das Leben miteinander, in der Familie, mit dem Partner, im Sportverein. Es geht darum, dem Nächsten wohlgesonnen zu sein.

Wie muss ein Mann sein, damit er dir gefällt?
Ein Mann muss ein Mann sein. Selbstbewusst, gebildet, groß, stattlich, wie der junge Gregory Peck. Und der Mann darf nicht kleiner sein als ich, ich tue allen kleinen Männern wohl unrecht, denn der Charakter kann ja trotzdem wertvoll sein, aber da muss ich mich etwas anstrengen.

Was magst du an Männern nicht?
Ungepflegtheit! York, Haare aus den Ohren und der Nase, da möchte ich wegrennen. So was wirst du bei dir selber bitte nicht durchgehen lassen, hoffe ich?

Versprochen.
Gut.

Achtest du mit 72 auf dein Aussehen?
Jetzt mach mal einen Punkt. Ich achte auf mein Aussehen wie früher, ich habe letzte Woche goldene Ballerinas zum Turnen angehabt, da hat eine Turnschwester gefragt, ob ich mit denen einen Mann aufreißen will. Was für ein garstiger Kommentar, ich habe einfach noch nicht nachgelassen. Das fand ich von meiner Turnschwester sehr ungezogen. Der werde ich beim nächsten Mal eins überbraten, mit Worten, meine ich.

Heute leben viele Menschen alleine, die Liebe scheint schwer zu finden zu sein.

Wir leben in egoistischen Zeiten, in der jeder vor allem auf sich achtet. Dabei hat uns der liebe Gott so gemacht, dass wir einander suchen und brauchen.

Warum leben dann so viele alleine?

Früher haben wir uns einfach noch mehr im Alltag gebraucht, heute kann man vieles mit Geld regeln. Eigentlich schade. Aber es bedeutet auch Freiheit. Ich wohne seit 15 Jahren alleine und weiß, wie das läuft.

Wärst du gern noch mal 17?

Nein. Die guten Sachen würden durch Wiederholung fad, die schlechten ... da bin ich froh, dass sie vorbei sind.

Spürst du das Älterwerden?

Mit 72 braucht man Ruhepausen, und ich finde, ich bin immer noch ziemlich ausgebucht. Kirchenchor, Turnen, drei Enkel, ich helfe in der Krankenhausbibliothek und hier in der Kirchengemeinde, flupp, so ist der Tag um. Aber lass uns mal zu den Glücksmomenten zurückkehren.

Gern.

Ich liege im Sommer gern im Garten und gucke in die Bäume. Das ist für mich das Paradies. Und gönne mir, auch wenn ich nicht viel Geld habe, kleine Dinge. Ich habe mir vor einer Woche drei Perlenketten gekauft, die sehen topp aus, und ich kann sie sehr gut tragen. Wart mal (holt Perlenketten ans Telefon). Die hier ist mit schwarzen Perlen, und diese hier ist lachsfarben. Zur Bluse, zum Pullover, todschick. Deine Mutter hat einfach Geschmack.

Du bist 72, Witwe, wirst du dich noch einmal in einen Mann verlieben?
Die Hoffnung gebe ich nicht auf. Ich mache mir da aber auch keine Illusionen. Aber wenn der richtige Typ einem über den Weg läuft, dann ist es egal, dann setzt der Verstand aus, dann deckt man das mit der Liebe zu. Auch wenn er kleiner ist als ich, der Mann, meine ich.

Hast du ein Lebensmotto?
Ich kann zwei Tage jaulen, wenn ich unglücklich bin, mich verkriechen, aber dann sage ich mir: Helga, jetzt muss was passieren. Dann muss man die Dinge ändern.

Die Brüder und ich haben dir ja ein Handy schenken wollen, einen Computer, du willst davon nix wissen …
Wozu brauche ich das Handy? Ich bin ja oft zu Hause, wo schon ein Telefon steht. Außerdem habe ich einen Anrufbeantworter. Und Computer, was soll ich sagen? Also, ich habe ja einen Kursus gemacht für Computer, aber man muss sich nur einmal vertippen, da wird mir angst und bange. Na ja, notfalls drücke ich oben links auf Esprit.

Die Taste heißt Escape.

Außerdem ist Freunde zu treffen schöner, als am Computer zu sitzen.

Da hast du wohl recht. Muss ich Angst vorm Altwerden haben?

Man kann immer vor allem Angst haben, York, sieh es mal so: Es bleibt immer aufregend. Meine Mutter ist einfach auf der Straße umgekippt, ihr Leben war mit einem Mal vorbei. Nein, du musst keine Angst haben.

Gibt es einen Wunsch für die nächsten Jahre?

Ich war in Rom und Florenz, da habe ich vielleicht schon die schönsten Orte auf der Welt gesehen. Ich wünsche mir eine nette Freundin zu finden, mit der man was unternehmen kann. Rad fahren, verreisen, Theater, Konzert, solche Sachen. Kann man alles alleine machen, zu zweit ist es schöner. Ach, ich altes Geschwader, du junger Hüpfer (lacht). Noch ein Glücksmoment: Spät schlafen gehen nach langem Fernsehabend, mitten in der Woche, das finde ich toll, und vor allem im Bett lange lesen. Freiheit ist das. Und als Schlummertrunk ein Glas Rotwein, warm gemacht mit etwas Vanillezucker, dann vertrage ich ihn besser. Dein Bruder, der Weinkenner, findet das ja ein bisschen blöd.

Du machst das trotzdem weiter so?

Auf jeden Fall.